集団で言葉を学ぶ／集団の言葉を学ぶ

Learning Our Language, Our Language Learning:
Literacies in Communities

編 石田喜美

青山征彦
新居池津子
石田喜美
伊藤崇
岡部大介
髙岡佑希
宮澤優弥
吉沢夏音
吉永安里

ひつじ書房

目　次

序　集団に埋め込まれた言葉へのまなざし
石田喜美——————————————————— 1

第Ⅰ部
コミュニティ参加としての言葉・リテラシーの学び

第1章　教室での出来事を記述する言葉
伊藤崇——————————————————— 23

第2章　集団での言葉の学びはいかに成立するのか
　　　　──通信制高校での小論文授業におけるリソースの交渉
髙岡佑希—————————————————— 47

第3章　歴史・社会・文化の中のリテラシー
　　　　──「論理的」を協同でつくる
石田喜美—————————————————— 67

第Ⅱ部
集団で読むことによってもたらされるもの

第4章　集団で読むことはいかに成立するか
　　　　──絵本の「読み聞かせ」の成立
吉永安里—————————————————— 85

第 5 章　個−集団の読みを変革する
　　　　　――文学の授業におけるクィアな読みの実践
　吉沢夏音 ────────────────────────── 105

第 6 章　読むことと書くことの集合的な学び
　　　　　――コミュニティをつくる・参加する
　岡部大介 ────────────────────────── 125

第Ⅲ部
ハイブリッドな主体、ハイブリッドな学び

第 7 章　学校図書館において生じるリテラシー
　　　　　――探究学習におけるメディアと仲間の役割
　新居池津子 ─────────────────────── 149

第 8 章　ハイブリッドな集合体という視点
　青山征彦 ────────────────────────── 175

第 9 章　「つながりの学習」が示す視点と
　　　　　集団の学び・集団の言葉の学び
　宮澤優弥 ────────────────────────── 189

索引　　　　　　　　　　　　　　　　　　　　　　211
編者・執筆者紹介　　　　　　　　　　　　　　　　215

序　集団に埋め込まれた言葉へのまなざし

石田喜美

> 人間の日常の営み、すべての習慣が、同じ奇体な分析病のために、全然今までの意味を失ってしまった。もはや、人間生活のすべての根柢(こんてい)が疑わしいものに見える。ナブ・アヘ・エリバ博士は気が違いそうになって来た。文字の霊の研究をこれ以上続けては、しまいにその霊のために生命をとられてしまうぞと思った。
>
> （中島敦『文字禍』）

1. はじめに―同じ場に来てともに学ぶ集団であること

　2023年に日本各地の映画館で上映されたドキュメンタリー映画『世界のはしっこ、ちいさな教室（原題：Être prof）』[1]には、印象的なシーンがいくつも登場する。それらはどれも、私たちに「教師であるということ（Être prof）」の意味を問いかける。5つの言語が飛び交うブルキナファソの教室は、教室内コミュニケーションを成立させる基盤が、「当たり前」のものでないことをまざまざと見せつける。遊牧民生活を営むエヴェンキ族の子どもたちに彼らの言語・文化を伝えようとする教師、スヴェトラーナ・ヴァシレヴァが、悩みや葛藤を抱えながらエヴェンキ語を伝えるための手立てを講じる姿は、言葉・リテラシーを教えることそのものが矛盾や葛藤を孕むものであることを教えてくれる。
　なかでも強く印象に残るのは、児童婚の問題を抱えるバングラデシュのスナムガンジ地区で、啓発活動と教育に勤しむタスリマ・アクテルの姿だ。タ

スリマがいつものようにボートスクールで子どもたちに授業を行っていたある時、ある女児の母親がボートスクールを訪れる。その女児の姉の婚約者が家に来ているので授業への参加を止めて家に戻るようにと伝えに来たのだ。タスリマは、まだ授業が終わっていないことをその母親に伝え、今その女児は勉強を続けなければならないのだ、と彼女を説得する。このシーンが、特に心に残るのは、この説得の場面において、ボートスクールにいる子どもたち（その女児も含めて）声を出して笑っているからだ。

　ここでの子どもたちの笑いは、とても印象的だ。そして、もしこの笑いが「勉強よりも結婚が大事だ」という価値観を当然視する大人を「滑稽だ」とみなす笑いであるのだとしたら、この笑いのもつパワーは計り知れないとすら思う。そこには、女児が勉強し続け自立することを肯定し、それこそを当然のあるべき姿だと価値づけてくれる集団が、たしかに、存在している。そして、そのような集団が存在することに、子どもたちはもちろん教師であるタスリマ（彼女自身も同地区内に住む両親から結婚を勧められている）も支えられている。

　これらの事例は、私たちが日常的に思い描く言葉やリテラシーの学びの姿が数々の「当たり前」に支えられた、狭いものであることに気づかせてくれる。さらに重要なことは、いずれの場も、それぞれの地域における文化や社会、価値観のありようが急速に変化するなかで営まれているという事実だ。スヴェトラーナの抱える矛盾や葛藤、タスリマの闘いは、古くからある価値観と、現在あるいは未来にある価値観との間に生じている。

　私たちは、彼女たちとそこに集まる子どもたちの姿から、現在の日本の教育をめぐる状況に思いを馳せることができる。「VUCA（Volatility 変動性、Uncertainty 不確定性、Complexity 複雑性、Ambiguity 曖昧性）」というビジネス用語が教育界に導入されて久しいが、これに象徴されるように、私たちは、予測困難で複雑な時代の教育のありようについて考える必要性に迫られている。そしてそれは、決して、どこか遠くにある未来の話ではない。教室内で使用される言語を「当たり前」に共有できない子どもたちも、急速に変化する社会・文化的価値観も、今、私たちの目の前にある学校の中に存在

している。

　そこで、今、あらためて考えてみたいのは、皆で集まり、同じ時間と場を共有しながら、集団として学ぶことの意味だ。異なる言語を話す子どもたちが集うブルキナファソの教室では、皆が集まって同じ文字を見て、声を出すことではじめて言葉の学びが成り立つ。スヴェトラーナは、エヴェンキ語の詩の暗唱に乗り気でない子どもたちに、エヴェンキ語による詩を教室でともに創ることを提案する。スナムガンジ地区のボートスクールは、児童婚を是とする価値観に対抗する集団を生み出し維持している。

　マクロな文化や社会、価値観の変動を前に、個人ができることには限界がある。それら大きな動きの前に、一人ひとりのパワーはあまりに弱い。だからこそ、同じ場と時間に集まり、互いが抱く言葉やリテラシーを共有しながら、集団として新たに言葉やリテラシーを生みだし、社会や文化、価値観の形成に参加することが必要となるのだ。

2.　「個別最適な学びと協働的な学び」を再考する

2.1　集団への懐疑と個の重視

　翻って、日本の教育に関する議論を見てみると、集団の負の側面が、過剰に強調されている印象をもつ。集団の負の側面、すなわち同調主義や画一化への懐疑的なまなざしが、集団の学びを語るときに必ずといってよいほど登場する。もちろん、集団で学ぶことには正と負の両側面があるのだが、それらを二項対立的に捉えた結果、負の側面を避けることばかりに注意が向けられているようにみえる。

　たとえば、令和3 (2021) 年1月に中央教育審議会によって示された答申「「令和の日本型学校教育」の構築を目指して」では、「日本型学校教育」の成果として、学校や学級が集団として機能し全人的な学びの場を提供してきたことを挙げる一方（中央教育審議会 2021: 5–7）、「画一的・同調主義的な学校文化」の弊害が指摘されている（同上 : 8）。後者に見られるような集団の負の側面への懸念は、前者に比べて強いようで、「協働的な学び」につい

ての解説においても、わざわざ「集団の中で個が埋没してしまうことがないよう」(同上：18)という留保がつけられる。学校・学級が集団として機能することで可能になったことへの言及はほとんど見られない。他方の「個別最適な学び」が、「我が国ではこれまでも、…『個に応じた指導』が重視されてきた」(同上：16)から始まり、一切の留保がないまま肯定的な解説がなされているのとは対照的だ。

集団への懐疑的なまなざしの下、「協働的な学び」は、「個別最適な学び」の負の側面——「孤立した学び」に陥る危険性——を補完するものとして位置付けられる(同上：18)。答申では、授業づくりにおいて「個別最適な学び」と「協働的な学び」とを組み合わせることを提案するが、その例示として示されるプロセスも、「授業の中で『個別最適な学び』の成果を『協働的な学び』に生かし、更にその成果を『個別最適な学び』に還元する」(同上：19)であり、あくまでもその本流にあるのは「個別最適な学び」にあるような印象を受ける。

2.2　状況の中に埋め込まれた集団と個

「個別最適な学び」と「協働的な学び」とをいかに組み合わせるかという問いは、個別具体的な状況のなかで、考えられるべきことだ。そのバリエーションの中には、個の学びを主軸に据えて考えるべきものも、集団の学びを主軸に据えて考えるべきものもあるだろう。このことを前提としながらも、本書では、言葉やリテラシーの学習を考えるための始点として、集団としての学び、さらにいえば、状況の中に埋め込まれた集団としての学びを据えることを提案する。

なぜならば、言葉やリテラシーそのものが、人びとが集団として存在する具体的な状況の中に埋め込まれたものであるからだ。ここでいう集団とは、広い意味での社会・文化などマクロなレベルのものから、コミュニケーションが行われる現場にいる参加者同士といったミクロなレベルのものまでが含まれる。言葉やリテラシーの学びは、目標から、学習内容、教材、学びが生起するコミュニケーションの場まで、あらゆる側面において、人びとが集団

としてそこに存在する状況を度外視できない。本書では、ミクロからマクロまで広がる、このような集団の多層性を視野におきながら、言葉やリテラシーの学びと集団とが不可分であることを、読者に提示していきたいと考えている。

言葉やリテラシーの学びを考えるうえで、人びとが集団として存在する状況を始点に置くべきだという主張は新奇なものではない。むしろ、実践レベルで「個別最適な学び」と「協働的な学び」を考えようとすればするほど、一人ひとりの個人よりも、彼らが集団としてその場に存在する状況そのものが、1つの「風景」(澤田 2023)として浮かび上がってくるように思う[2]。

たとえば、伊藤(2023)は、「定時制高校の授業は生徒の「個」にどう応じるのか―或いは「夜」という学習環境について」と題する論考の中で、定時制高校での「国語表現」の実践について報告している。生徒たちにとっては4年間の定時制高校の最後の国語の授業だ。伊藤はこの授業で生徒たちに、「自分にとっての学校生活を象徴するような写真を撮り、そこに自分の言葉を載せよう」(伊藤 2023: 51)と提案する。伊藤が紹介する3人の生徒の作品は、それぞれに言葉(日本語)との関係や距離感が異なっており、それが作品としての独特の質感を生み出している。他方、これらの作品には、それらを包み込む通奏低音のようなもの――学習環境としての「夜」――があることも事実だ。

伊藤は、生徒たちを取り巻く学習環境としての「夜」について記述する。

> 興味のある方は一度近くの定時制高校を見学してほしい。「夜」は日中の教室を一変させる。外は静かで暗く、教室だけが光を発している。この「夜」の時間帯に、様々な感情を抱きながら学ぶ生徒たちがいるということが、生徒たちにとっての学習環境なのだ。誰と話さなくとも、誰かと学んでいる。そこにただいるだけなのかもしれないが、それを「協働的な学び」の大切な萌芽と呼んでもよいのではないか。
> (伊藤 2023: 55)

伊藤によるこの論考では、個についての考察が、いつの間にか、1つのメビウスの輪のように、「協働的な学び」についての考察へとつながっているが、それを可能にしているのが、学習環境としての「夜」なのだ。生徒たちは「夜」という学習環境のなかに溶け合いながら、それぞれの背景や感情をもった個として存在している。伊藤が描き出したのは、「夜」という学習環境のなかで、生徒たちがともにそこに存在し、ともに学びあっているという状況そのものだ。「個別最適な学び」と「協働的な学び」という二項対立的な見方は、そのようなメビウスの輪に対する特殊な光の当て方の1つに過ぎないのではないかと思わされる。

3. 言葉やリテラシーの教育における個

3.1 軌跡としての個

　本書が焦点を当てるのは、「個別最適な学び」にも「協働的な学び」にも還元しえない、状況そのものである。具体的な状況に視点を据えてみたとき、私たちの目にはじめに映るのは、集団としての営みであろう。集団的な営みに参加する個々人は、その営みの一部に、個性的なやりかたで関わる。本書では、個を、そのような集団的な営みにおける部分的かつ個性的な側面と捉える[3]。

　Dreier (1999) は、従来心理学において議論されてきた概念が、社会的な営みにおける「個の主体性 (individual subjectivity)」[4]をうまく掬い上げられていないことを批判し、今まさに営まれつつある社会的な営みの構造への「参加者 (participants)」として、個の主体性を捉え直すことを提案する (同上: 5)。個は、複数の社会的に営みに参加しており、それら複数の営みを横断しながら、生きている。そのように、あたかも軌跡を描き出すように、複数の営みの間を渡りあるく個を、Dreier は「生の軌跡 (life-trajectory)」という概念によって捉えようとした。

　言葉やリテラシーの教育に関する研究の蓄積は、このような軌跡としての個に焦点を当ててきたように思う。すなわち、複数の状況において営まれる

集団での営みを渡りあるきながら、自らの言葉やリテラシーを創りあげていく個の存在だ。

3.2　言語教育研究における個

　言葉やリテラシーの研究において、教師や学習者の個に着目した研究は、2000年代中頃から現れはじめ、2010年代にかけて盛んに行われるようになった[5]。これらの議論は、言葉やリテラシーの教育に関わる教師や学習者の個人史(ライフヒストリー)やそれについての語り／物語(ライフストーリー)に着目している。

　たとえば、全国大学国語教育学会(2013)には、野地(1956)の「個体史研究」の再評価とそれに基づく一連の研究が紹介されるとともに(難波2013)、これとは異なる文脈をもつ、教師のライフストーリー研究の動向が示されている(松崎2013)。また、これら教師の個に焦点化した研究とは別に、学習者研究における「個へのまなざしの必要性」を唱える研究(原田2009)も登場し、2010年以降の国語教育学においては、教師研究においても学習者研究においても、個に着目した研究が展開されている。

　国語教育以外の分野に目を向けてみても、同様の流れが確認できる。『リテラシーズ』誌では、2014年発刊の第14巻の特集テーマを「言語教育学としてのライフストーリー研究」とした。本巻には、教師や学習者個々のライフストーリーへの着目が日本語教育学にもたらす意義や可能性を検討する論考が、複数掲載されている。その中で、河路(2014)は、「『ライフストーリー』『オーラルヒストリー』という名称が研究の方法として用いられるようになったのはこの10年のことと言ってよさそうである」(河路2014: 29)と述べており、研究という文脈への個への着目が、2000年中盤から生じたことが確認できる。2018年には、言語文化教育学会の学会誌『言語文化教育学研究』においても、「ナラティブの可能性」が特集テーマとして設定された。三代ほか(2018)による企画趣旨には、ナラティブ(語り)に注目した実践が、研究レベルを超えて、教育実践・社会実践レベルへと展開していることが示されている。個人史およびそれをめぐる語り／物語への着目が、単

なる流行を超えて、言葉やリテラシーを教育全般に広がっていることがわかる。

　では、個人史およびそれをめぐる語り／物語に着目した研究や、実践をめぐる議論が見出そうとしてきたものとは何か。それは、河路（2014）の言葉を借りれば、「言語教育学の本質」（河路 2014: 31）と言えるだろう。

　河路は田中（1993）の文章を引用しながら、「言語教育学の本質」について、次のように説明している。

> 言語教育学とは、こうした人間の営みの力に迫ることにほかならない。言語を学ぶとは何か、教えるとは何か。言語の教育とは何か、を問うことが言語教育学の本質である。そこでは言語の学習者、教授者が主たる研究対象となる。「言語教育」の実態は、教える人と学ぶ人のいるその空間にあり、「言語教育」の成果は、学び教えた人の内部に蓄積され、その人の人生に現れる。その場を生み出す社会状況や、国家の政策、外交関係、また、教育制度やカリキュラム、教科書、教材、教授法などは、その教育の実態を知るために不可欠なものとして、また、研究の対象となる。
> 　　　　　　　　　　　　　　　　　　　　　（河路 2014: 31–32）

「言語教育」の実態を「教える人と学ぶ人のいるその空間」にあると捉え、その成果が「その人の人生に現れる」という見方は、野地（1956）の個体史研究の流れを汲む一連の研究から、近年のライフストーリー研究までを包み込む、共有可能な見方であると思われる。重要なことは、この視点において、言語やリテラシーの教育の実態を「教える人と学ぶ人のいるその空間」に見出そうとしている点だ。これらの研究が実際に分析するのは個の語り／物語であるかもしれない。しかしその焦点は、「教える人」「学ぶ人」個人ではなく、彼らがともに存在する「空間」にあるのだ。だからこそ、その実態を知るためには、「その場を生み出す社会状況や、国家の政策、外交関係、また、教育制度やカリキュラム、教科書、教材、教授法など」までをも含めて知ることが必要となる。個に着目した研究が、それによって明らかに

しようとしたものは、言葉やリテラシーの教育が営まれる「空間」――そこには、社会・文化・歴史的な状況とそこでの集団的な営みの両方が含まれる――なのだ。

3.3 「個性的な部分 (particular)」として個

　このような個の捉え方は、先述した Dreier (1999) の「生の軌跡」という概念を思い起こさせる。「教える人」「学ぶ人」は、言葉やリテラシーの教育が行われる「空間」にともに参加している。一方、それと同時に、「教える人」も「学ぶ人」もそれぞれの人生の中で、言葉やリテラシーに関わる複数の営みを渡り歩きつづける。日本語学校で起こるさまざまなエピソードを扱ったエッセイ・コミック『日本人の知らない日本語』(蛇蔵・海野 2009) には、ある居酒屋のチェーン店でアルバイトを始めたと思われる留学生が、教師に「この宿題は明日までにやってきて下さいね」と言われ、「ハイ！！よろこんでー！！」と応えるシーンがある (蛇蔵・海野 2009: 43)。これに対して教師は心の中で「どこの居酒屋だ」とつぶやくのだが、このような出来事は、言葉やリテラシーの教育が営まれる「空間」が、言葉やリテラシーの学びに関わる複数の営みに参加しながら学ぶ「教える人」と「学ぶ人」との出会いの場であることを象徴的に示すものだ。アルバイト先で「バイト敬語」を使用する一方、日本語教室で「敬語」を学ぶ留学生は、それら複数の実践を渡り歩きながら、自分の生活・人生にとっての言葉 (この場合は、敬語) を編みだしていく。個人史やそれをめぐる語り／物語に迫ろうとする一連の研究が焦点を当ててきたのは、そのような「生の軌跡」としての個であり、「生の軌跡」の蓄積として見出しうるような、言葉やリテラシーの学びなのではないか。

　では、言葉やリテラシーの教育における個とは何か。いったい、私たちは、言葉やリテラシーを学ぶ個という存在をいかに捉えるべきなのか。おそらくそれは、「social (社会的)」の対義語としての「personal (個人的)」、あるいは「public (公的な)」の対義語としての「private (私的)」といった語では捉えきれないだろう。「individual (個)」と捉えることも可能かもしれ

ないが、その場合、「group（集団）」の営みを支え、部分的かつ個性的なかたちでそれに参加する存在と捉えたほうが良さそうだ。少なくとも、「group（集団）」を分けていった結果として出てくる「in・dividual（これ以上分けることができないもの）」としての「individual（個人）」を想定することは適切ではない。むしろ「個人」はさまざまな「集団」の一部を構成する。

このように考えてみると、言葉やリテラシーの教育を考えるうえでは、「集団」の一部として、独特なかたちでそれを構成するもの（＝particular）」として個を捉える見方が、もっともふさわしいように思える[6]。そこで本書では、個を、集団から切り離された「個人（individual）」ではなく、あくまで、集団の関係のなかで見えてくる特性としての「個性的な部分（particular）」と捉える。本書では、このような立場に立つことで見えてくる、集団と個との関係を前提としながら、今後の議論へと結びつきうるような理論的視点や事例を提示していく。

4. 本書の構成

本書では、大きく3つのテーマを設定している。1つ目は、コミュニティへの参加としての言葉・リテラシーの学び（第Ⅰ部）、2つ目は、集団で読むことの意味（第Ⅱ部）、3つ目は、人とモノとのネットワークの中で生じる学び（第Ⅲ部）である。以下、各部の概要とそれぞれに収められた論考について紹介する。

4.1 「コミュニティへの参加」という視点—第Ⅰ部

まず、第Ⅰ部では、「コミュニティへの参加」という視点によって見えてくる集団の学びの世界を明らかにしていきたい。一般的に、集団の学びは、個の学びと対置関係にあるものとして捉えられがちだ。そしてその場合、集団の学びとして想起されるのは、いわゆる「チョーク＆トーク」と呼ばれるような講義型の一斉授業であろう。奈須（2021）は、このような指導を「雀の学校」のメタファーで捉え、これを批判している。一方、従来から行われ

てきた講義型の一斉授業であっても、そこに参加する子どもたちのありようは決して、「雀の学校」のメタファーで捉えうるような画一的なものではない。

　第Ⅰ部のねらいは、「コミュニティへの参加」という視点から、教室で生じていることを具(つぶさ)に見ることによって、集団で言葉やリテラシーを学ぶことにはいかなる意味があるのかについて考えていくための言葉や枠組みを掘り起こしていくことにある。

　第1章「教室での出来事を記述する言葉」(伊藤崇)では、教室での学びを記述するための言葉に焦点を当てる。「個別最適な学び」「協働的な学び」という語が、私たちに、個／集団という二分法によって教室での学びを捉えることを促してしまうように、私たちの教室に対する見方は、それを見るための言葉、語るための言葉によって貧しくも、豊かにもなりえる。そうであるとすれば、教室で起きている出来事を記述するための言葉とはいかにあるべきなのか。伊藤は、授業を「活動」として捉えたときに見えてくる、教室での出来事の世界を記述しながら、「教える／教えられる」とは異なる系列の言葉によって、教室での出来事を記述することを提案する。本章のねらいは、言葉やリテラシーを集団で学ぶことを記述していくための言葉とは、そもそもいかにあるべきなのか、また、その言葉は誰によってどのように生み出されるべきなのか、という問いを提起することにある。

　第2章「集団での言葉の学びはいかに成立するのか―通信制高校での小論文授業におけるリソースの交渉」(髙岡佑希)において髙岡が示すフィールドの実例は、第1章で提起された問いへの1つの回答を示すものになるだろう。髙岡は、通信制高校における小論文の授業におけるフィールドワークに基づき、教師と生徒たちがともに協働しながら、「小論文のテーマ決め」という課題を達成する様子を記述する。本章で描き出されるのは、教師と生徒によって交わされる言動の多義性である。これらの言動は、単に授業内課題を達成するためのリソースになるだけでなく、生徒が教室内での人間関係を維持するためのリソースにもなる。通信制高校に通う生徒たち、そして、彼ら／彼女らを支える教師たちにとって、授業内課題を達成することと、彼

らが人間関係を維持し教室内に居つづけられることは、どちらも達成すべき重要な課題なのだ。ここには、集団的な学びであるからこそ生じる複雑な活動が存在する。

　第Ⅰ部の最後にあたる第3章「歴史・社会・文化の中のリテラシー――「論理的」を協同でつくる」（石田喜美）では、よりマクロな視点から言葉やリテラシーの学びを位置付ける。第3章の焦点となるのは、「新しい能力」（松下2010）への傾倒によって、学校教育からビジネスの世界まで、ますますいろいろなところで目にするようになった「論理的」という言葉である。本章では「何が『論理的』であるかは社会によって異なる」（渡邉 2021）という渡邉（2021）の議論を踏まえつつ、リテラシーを社会的に構成されたものとして捉えることを提案する。本書では集団で言葉やリテラシーを学ぶことに焦点を当てるが、そこには、学級などの集団で言葉やリテラシーを学ぶことと、社会的・文化的集団によって歴史的に構築されてきた言葉やリテラシーを学ぶことの両面が含まれる。教室において生じるミクロなレベルの営みにおいてもこの両面は存在しており、「論理的」であることを学ぶということはこの両面を視野におかなければ成り立たない。本章では、言葉やリテラシーの学びが、単純に、そこに参加する者一人ひとりのレベルで生じるのではなく、そこにいる人びと全体というレベル、さらにいえば、その集団が属する社会・文化といったレベルで生じるものであることを示すことにある。

4.2　集団で読むことにはいかなる意味があるのか――第Ⅱ部

　第Ⅱ部では、読むことの学びに焦点を当てることによって、第Ⅰ部で示された議論を、現場における具体的なリテラシー実践の姿へと結びつけていく。

　「読むこと」あるいは「読書」と聞いたときに、私たちがまず思い起こすのは、「1人で隠遁的に内密になされる読書」（シャルチエ 1992: 58）である。私たちは、「個人的で内的な行為」としての読書を、「当たり前」のものと見なしている。しかし、歴史的・文化的に視野を広げて見てみれば、そのような個人的・内的でない読書行為もたしかに存在しており、それらは、人びと

の社会的なつながりを創出したり、それを表現したりすることに貢献していたことに気づく（同上）。そのため、私たちは、読むことや読書を「当たり前」に個人的・内的なものとしてみなす見方をいったん留保してみたうえで、今後、いかなる読書文化を創っていくべきかを議論する必要がある。市川沙央『ハンチバック』が、第169回芥川賞を受賞したことを契機に、「読書バリアフリー」の視点が広く受け入れられつつある昨今、読むことや読書の「当たり前」をさまざまな視点から問い直し、より包摂的で豊かな読書文化を探求していくことは、必要不可欠なことであるように思われる。もちろん、本書のみで一足飛びにその答えを導き出すことは難しい。しかし、「当たり前」を問い直す視点、新たな読書文化を構想するための手がかりとなるような視点を提示することはできる。第Ⅱ部のねらいは、そこにある。本書では、3つの論考を通じて、そのような視点を提示する。

　第4章「集団で読むことはいかに成立するか──絵本の「読み聞かせ」の成立」（吉永安里）では、幼稚園において営まれる、さまざまな集団読みのありようが示される。養育者の親密な関係から始まる読み聞かせは、幼稚園において「集団で読むこと」へと発展する。吉永は、3歳児クラス・4歳児クラス・5歳児クラスにおける読み聞かせ場面のフィールドワークに基づき、「集団で読むこと」がいかに始まり、それがどのように変容しながら、小学校の授業で求められる「集団で読むこと」── 一人ひとり別々に、同じテクストを読むこと──の実現へと結びついていくのかを報告する。本章で示される現場での実践の姿は、同じ教科書を全員で読むという、「当たり前」にあるような教室の風景が、就学前に重ねられてきた「集団で読むこと」の実践によって支えられていることを明らかにしてくれる。

　第5章「個‐集団の読みを変革する──文学の授業におけるクィアな読みの実践」（吉沢夏音）ではさらに広く、社会・文化における読むこととの関わりで、集団で読むことの意味を議論する。本章で紹介するのは、高等学校での文学の授業の事例だ。本章に登場する生徒たちの多くは、おそらく、平易な文章であれば、自分なりにそれらを読解し、自身の解釈をもつことができる。1人読みによる読書を楽しむこともできる。しかしそのようにして1人

で読めることは、十全に読めていることとイコールだといえるのだろうか。本章で報告される実践が私たちに提起するのはこのような問いである。生徒たちは、多様な根拠に基づく解釈を創り出し、それについて自由に話し合う。そしてそれらの読みが集団として共有され、共有された集団としての読みは、それぞれの生徒が自身の読みを相対化するためのリソースとなる。本章の後半では、アイデンティティの両義性・流動性という視座を、文学の授業に導入しようとする実践が報告される。それは、教室のなかで、クィアな読みをいかに位置付けるべきか、という問いへの1つの解を示すものでもある。マイノリティ性とマジョリティ性を併せもつ、私たち一人ひとりが、自分自身の立ち位置から見出した読みを他者に提示し、それを共有しあうとともに、共有された読みに基づきながら対話し議論しあうコミュニティをつくることは、社会における価値のありようを交渉し合い、民主的にそれを更新し続ける社会をつくるための基盤となる。

第6章「読むことと書くことの集合的な学び―コミュニティをつくる・参加する」（岡部大介）では、シェイクスピア（William Shakespeare）作品を愛好する女性たちから、現在の「腐女子」たち、BTSのファンダムである「ARMY」まで、読むこと・書くことをともに享受し合い、「共愉」する人びとの姿が描き出される。本章が事例として示すのは、趣味として読むこと・書くことを行う人びとが、受動的にメディア・コンテンツを消費するだけでなく、それに基づき、他者とともに学び合うために集団に参加し、そこでさらに愉しみと学びとを深めていく姿だ。この愉しみ／学びのための集団は、社会へとつながり、政治的・学術的な対話の場をも創り上げていく。理不尽とも思えるような彼らの熱意あふれる行動は、1人で行う「黙読」の不完全さを、逆照射するかのようだ。

4.3　人・モノのネットワークの中で生じる学びを捉える―第Ⅲ部

第Ⅱ部までは基本的に、オンラインであれオフラインであれ、ある場に、人が集まることに注目をしてきたが、第Ⅲ部では、さらに1歩拡張し、モノと人とが集まることによって創り出される「集合体（collectives）」に着目

し、その視点から、集団としての学びを考察する。

「ラーニング・コンパス」(OECD 2024)に示された「共同エージェンシー (Co-agency)」という概念が象徴するように、近年の教育論は、学習者の集合的なエージェンシーのありように着目してきた。また生成AIをはじめとした人工知能技術の普及は、教育の場が、人間と非-人間とのハイブリッドによって成り立っていることを可視化した。いまや、学びの主体を、「他の人間やモノから切り離された単体（としての個人）」として捉える見方は、リアリティを失っている。

第Ⅲ部では、人とモノとのハイブリッドとしてのエージェンシーに着目し、その視点から学びをとらえることによって、あらためて、「個」という概念の捉え直しを図りたい。

第Ⅲ部のはじめ第7章「学校図書館において生じるリテラシー──探究学習におけるメディアと仲間の役割」(新居池津子)に登場するのは、現在の中学校での学びの姿である。新居は、図書館を使用して行われる中学校での探究学習のフィールドワークに基づき、学校図書館という物理的空間が、いかなる集合的な学びを生み出しているかを具体的に明らかにする。「個別最適な学び」という名の下で推進される探究学習においても、そこで探究を推進する主体は、他者やモノと切り離された個人(individual)ではない。むしろ、第7章で提示されるのは、学校図書館内に存在するモノやその場に居合わせた他者が、探究的な学びをめぐる関係に変化をもたらしたり、それを編み直したりする姿だ。

第8章「ハイブリッドな集合体という視点」(青山征彦)では「ハイブリッドな集合体(hybrid collective)」としての主体性という視点について理論的な整理が行われる。「ハイブリッドな集合体」という視点は、主体性を、さまざまな人やものとの異種混交のネットワークのなかに位置づける。主体性を、他と切り離された個人の内部にあるもの（例：知識やスキル、資質・能力）ではなく、あくまで、集合的なネットワークとして捉える。言葉を学ぶということはそのような、主体をめぐるハイブリッドなネットワークの中に、言葉が編み込まれるということを意味する。本章で青山は、パウロ・フ

レイレ（Paulo Freire）の「文化サークル」を事例として取り上げながら、言葉やリテラシーを学ぶことが、単なる、知識やスキルの獲得ではなく、新たな主体性の実現へと結びつくものであることを示す。

最後の第9章「「つながりの学習」が示す視点と集団の学び・集団の言葉の学び」（宮澤優弥）では、第7章・第8章で提示された、集合的な主体性という視点が、近年の学習論においていかに取り上げられているかが示される。また、主体性を集合的に捉えてきたこれらの学習論が提示する課題を踏まえ、今後、個の学びと集団の学びとの関係をいかに捉え直し、新たな言葉やコミュニケーションの学びの場を実現していくべきか、その展望を示す。宮澤は、伊藤瑞子ら、文化人類学者や教育学者、心理学者、社会学者らが領域横断的に議論した結果として提起された「つながりの学習（Connected Learning）」に焦点を当て、そのなかでいかに集合的な主体性が位置付けられているかを明らかにする。学びの主体がネットワークに埋め込まれた「ハイブリッドな集合体」であり、学ぶことがそのネットワークの形成や編み直しとして定義されるのだとしたら、教育者に問われるのは、そのネットワークを、学習者にとって実りあるものとなるよう設えていくことである。このような見方は、言葉やリテラシーの学びに対する既存の視点を拡張し、それをマクロな社会全体へと結びつけてくれる。そのときに見えてくるのは、これまでとはまた異なった、言葉やリテラシーについての学びの風景だ。

5. 本書の読み方

最後に、本書の読み方について紹介しておきたい。

編者は、あらゆる本は、読者に開かれているという前提に立ち、その読み方や楽しみ方／愉しみ方は、人それぞれ自由であるべきだと考えている。そのため、本書についても、それぞれの読者が、独自の楽しみ方、活用の仕方を見つけてくれることを願う。

しかしそうは言っても、はじめから自分なりの読み方を見出すことが難しい読者もいるだろう。そこで、以下、編者が考える本書の読み方をお伝えし

ておきたい。

　まず、本書に収録した論考はそれぞれ独立しているので、はじめに自分自身の気になるトピックやキーワードを見出したうえで、気になる章から読んでみるという方法がある。前節で紹介した各章の概要は、読者が読み進めていくための1つのガイドになるべく書かれたものだ。そのため前節に目を通しながら、1つでも2つでも、気になるトピックやキーワードが見つかったら、それを手がかりにその章の議論を読んでみてほしい。

　あるいは、エピグラフを手がかりにするのも、楽しい。本書では、すべての章の冒頭に、その章での議論を象徴するエピグラフを掲載している。これらのエピグラフは、程度の差こそあれ、各章の執筆者の「萌え（燃え）」ポイントや、各章の内容の中でも特に「推し」のポイントが反映されている（はずだ）。印象に残ったエピグラフをきっかけに、その章を読んでみることで、これまで考えたことがなかった世界に出会えるかもしれない。それは、とても素敵なことだ。

　複数の人たちで集まって読書会をしながら読むこともおすすめだ。編者としては3人程度で集まって読書会をするイメージを持ちつつ本書を編んでいるが、もちろんそれに限らない。本書によって、集団による学びの場が生み出せるとしたら、これほどうれしいことはない。

　文字の研究を続けているうちに、日常の意味を完全に見失ってしまったナブ・アヘ・エリバ博士が、ふたたび、言葉を通じて、日常の意味を取り戻すことはできるのだろうか。おそらくそのための鍵は、集団での営みのなかに、言葉を置き直してみることにあるのではないか、と私は考える。本書の読者にも、ぜひ、文字の霊による「奇体な分析病」から距離をとりながら、生き生きとした言葉やリテラシーを、ともに学んでいくための術を考えていってもらいたい。

注
1 『世界のはしっこ、ちいさな教室（原題：Être prof、英題：Teach me If you can）』は、Émilie Thérond 監督によるドキュメンタリー映画である。2021 年に公開され、2023 年 7 月より、ニューセレクト株式会社の配給部門であるアルバトロス・フィルムの配給によって、日本の映画館での上映が行われた。アルバトロス・フィルム（2023）参照。
2 澤田（2023）は、「「読み書きをいつくしむ風景」を目指して—ライティング＆リーディング・ワークショップにおける学びの個別性と協働性」と題する論考のなかで、教えること・学ぶことを「風景」として捉えることを提案している。本章で用いる「風景」という語は、澤田によるこの論考での議論に影響を受けている。
3 Dreier（1999）では、人（person）を対象にした研究において「参加（participation）」を鍵概念として採用する理由について、4 つの重要な議論が紹介されている。その 3 つ目に挙げられるのが「個人による参加は、すべて、社会的営みの部分的かつ特定の側面である（all individual participation is a partial and particular aspect of a social practice.）」（Dreier 1999: 6）という議論である。本章での主張はこの Dreier の議論に基づいている。
4 ここでは Dreier の議論をわかりやすく紹介するため「subjectivity」に「主体性」という訳語を充てている。
5 例外として 1950 年代に行われた野地（1956）の「個体史研究」がある。黒川（2014）参照。
6 石田（2008）はリテラシー教育を研究する際のアプローチとして、「個別的なもののエスノグラフィー（ethnography of particular）」を提案している。

参考文献
アルバトロス・フィルム（2023）『世界のはしっこ、ちいさな教室』アルバトロス・フィルム
Dreier, Ole. (1999) Personal Trajectories of Participation across Contexts of Social Practice. *Outlines: Critical Practice Studies* 1(1): 5–32. Copenhagen: Dansk psykologisk Forlag.
原田大介（2009）「国語教育における新たな学習者研究の構築―個へのまなざしの必要性」『国語科教育』（65）: 11–18. 全国大学国語教育学会
蛇蔵・海野凪子（2009）『日本人の知らない日本語』メディアファクトリー
市川沙央（2023）『ハンチバック』文藝春秋
石田喜美（2008）「リテラシー教育研究における倫理的政治的課題」『人文科教育研

究』(35): 17–28．人文科教育学会
伊藤晃一 (2023)「定時制高校の授業は生徒の「個」にどう応じるのか—或いは「夜」という学習環境について」『授業づくりネットワーク』(353): 50–55．授業づくりネットワーク
河路由佳 (2014)「学習者・教師の「語り」を聞くということ—「日本語教育学」が「学」であるために」『リテラシーズ』(14): 29–44．くろしお出版
黒川麻実 (2014)「個体史的研究の再考—野地潤家『国語教育—個体史研究—』を手がかりに」『国語教育思想研究』(8): 75–84．国語教育思想研究会
松下佳代 (2010)『〈新しい能力〉は教育を変えるか—学力・リテラシー・コンピテンシー』ミネルヴァ書房
松崎正治 (2013)「ライフヒストリーに関する研究の成果と展望」全国大学国語教育学会編『国語科教育学研究の成果と展望Ⅱ』pp.447–454．学芸図書
三代純平・北出慶子・嶋津百代 (2018)「全体趣旨：ナラティブの可能性—「語り」の社会的意味」『言語文化教育研究』16: 1．言語文化教育研究学会
難波博孝 (2013)「読むことの学習指導実践史研究」全国大学国語教育学会編『国語科教育学研究の成果と展望Ⅱ』pp.185–192．学芸図書
奈須正裕 (2021)『個別最適な学びと協働的な学び』東洋館出版社
野地潤家 (1956)『国語教育—個体史研究』光風出版
澤田英輔 (2023)「「読み書きをいつくしむ風景」を目指して—ライティング＆リーディング・ワークショップにおける学びの個別性と協働性」『授業づくりネットワーク』(353): 96–99．授業づくりネットワーク
シャルチエ，ロジェ　福井憲彦訳 (1992)『読書の文化史—テクスト・書物・読解』新曜社
田中克彦 (1993)『国家語をこえて』筑摩書房
渡邉雅子 (2021)『「論理的思考」の社会的構築—フランスの試行表現スタイルと言葉の教育』岩波書店
全国大学国語教育学会編 (2013)『国語科教育学研究の成果と展望Ⅱ』学芸図書

WEBページ

アルバトロス・フィルム「Characters 登場人物」『世界のはしっこ、ちいさな教室』アルバトロス・フィルム〈https://hashikko-movie.com〉2023.11.19
中央教育審議会 (2021)「「令和の日本型学校教育」の構築を目指して—全ての子供たちの可能性を引き出す、個別最適な学びと、協働的な学びの実現（答申）」『文部科学省』〈https://www.mext.go.jp/content/20210126-mxt_syoto02-000012321_2-4.pdf〉2023.11.19

中島敦「文字禍」『青空文庫』〈https://www.aozora.gr.jp/cards/000119/files/622_14497.html〉2023.11.19

OECD（2024）「The OECD Learning Compass 2030」『OECD』OECD〈https://www.oecd.org/en/data/tools/oecd-learning-compass-2030/〉2024.8.9

第 I 部

コミュニティ参加としての言葉・リテラシーの学び

第1章　教室での出来事を記述する言葉

伊藤崇

―The language in which we are speaking is his before it is mine. How different are the words *home, Christ, ale, master*, on his lips and on mine! I cannot speak or write these words without unrest of spirit. His language, so familiar and so foreign, will always be for me an acquired speech.

(James Joyce "A Portrait of the Artist as a Young Man")

―ぼくたちの話している言葉は、ぼくのものである以前にこの人のものだ。ホーム、クライスト、エール、マスターという単語が、ぼくの口から出るのと、この人の口から出るのとではまるきり違う！　ぼくがこういった語を話したり書いたりするときは、決まって心がそわそわする。この人の言葉をぼくはよく知っている。しかも赤の他人の言葉だ。ぼくにとってはいつだって習い覚えたものなんだ。

(ジェイムズ・ジョイス『若い芸術家の肖像』)

1.「教える／学ばせる」という表現

1.1　気になる助動詞

　仕事柄、「学習指導案」と呼ばれる書類を読むことがある。授業に先立ち、教師が教科単元や授業ごとに作成する、学習事項や指導方針、評価方法を整理して示したプランである。

　そこには「〇〇させる」という助動詞がしばしば見られる。たとえば、こんな感じだ。

（1）意図を答えさせる
（2）理由を考えさせる
（3）グループで取り組ませる

　これらは、教師が指導する際の手立てを表すものである。やろうと思えば、「気づく」「注目する」「発表する」など、助動詞の前につく動詞の数だけ上記のリストを長くできるだろう。
　他方、学習指導案の記述から、下記のようなリストも作れる。

（4）生産者の意図を問いかける
（5）理由を考えるようにうながす
（6）グループで取り組むよう指示する

　これらもまた教師の手立てを表す語である。（1）と（4）、（2）と（5）、（3）と（6）の表現の対が具体的に指し示す実際の行為は同じだろう。（4）～（6）は教師の視点で表された文である。（1）～（3）も教師の視点からの記述であるが、そこに子どもの動きを取り込んでいる点が異なる。教師が指示し、うながし、問いかけ、子どもが取り組み、考え、答える。立場の異なる両者のそれぞれの行為の間をつなぐのが、「○○させる」という使役の助動詞である。
　つねづね、この助動詞が気になっていた。子どもに何かをさせたからと言って、それがただちに学びに結びつくわけではないのではないか。似たようなことは先人がすでに述べている。デューイ（John Dewey）曰く、「学んでいないのに教えたと言うのなら、それは、買う人がいないのに売ったと言うのと同じだろう」[1]（筆者訳、Dewey 1910: 29）。デューイに倣うなら、教師が子どもに何かをさせることは、おそらく、食べ物を試食させたり、化粧品のサンプルを手に塗ったりすることに似ていると言っていいかもしれない。口にしたり手にしたりした商品の存在に気づくかもしれないが、それを買って持って帰るかどうかは分からない。

教師が子どもに何かをさせるとして、そのこと自体が学習すべき事項なのではないのは当然だ。子どもが自分の行為をきっかけに起こる環境や自他の変化に気付き、そこから何かを感じ取り、理解してくれればそれでよい。しばしば言われるように、馬を水飲み場に連れて行くことはできても、水を飲ませることはできない。教師が子どもに何かをさせることは、水飲み場に連れて行くことと同じである。実際に水を飲むかどうかは、ひとえに子ども自身にかかっている。ヴィゴツキー（Лев Семёнович Выготский、英語では Lev Semenovich Vygotsky）曰く、「厳密にいえば、科学的観点に立てば、他人を教育することはできません。他の生体に直接的影響を及ぼし、変化を生み出すことはできません。可能なのは自己教育だけであり、自分の生得的反応を自分自身の経験を通して変えることだけです」（ヴィゴツキー 2005: 25–26）。

　ヴィゴツキーの述べたことが妥当ならば、教師が子どもたちに何かをさせることは、教育という名に値する実践ではなく、他の何かである。それは、活動と身体のコントロールを目的とする実践である。明治時代に遡って考えてみよう。

1.2　「教える／学ばせる」の起源

　教える、すなわち学ばせる。これらの語で指し示される教師の行為によって子どもの学びを作り出そうとする考え方は日本の教育史においていつから定着したのか。「〇〇させる」という助動詞は近代日本の学校制度の出発と共にあったと言えそうである。

　1872（明治 5）年、学制が公布された。公布されたとて、それを全国各地で実現するという実践がなければ絵空事にすぎない。民衆への高度な教育を速やかに成し遂げたい明治政府の課題に対応するための教授法が求められていた。

　教育実践を担った人びとが頼ったのが、アメリカに由来する一斉教授法であった（杉村 2010）。そもそも、江戸の寺子屋のような場では、教師が子どもたちに一斉に教える方法は取られていなかった。まったく新しい知識を大勢の子どもに一度に呈示する方法が求められていたのである。

教師養成のために設立された東京師範学校が指針としたのが、アメリカからのお雇い外国人スコットに学んだ一斉教授法であった(杉村 2010)。これは3つの要素から構成される。第1に、「教則」である。学年の分け方などの教育制度や指導内容を定めたもので、ここには等級制(習熟度別ではなく、同年齢の子どもを1つの集団にまとめる方法)も定められていた。第2が、「庶物指教」である。これは、教師が具体的な物を子どもに対して感覚的に示しながら、それについての問答を通して理解させる方法である。第3が「教場指令法」である。これは、多数の子どもたちの身体をコントロールすることを可能にする、教師による指示の具体的方法である。理解の程度もバラバラな子どもたちにある学習事項を一度に見せたり話したりするためには、とにかく、静かにして教師に注意を向けてもらう必要があった。それを指示する方策が教場指令法である。

　東京師範学校を出た山下厳麗の著した『小学授業法　甲』(1875)の「教場之則」には、たとえば次のような記述が見られる。

　　総テ衆生ヲ統御スルニ其挙動一致セサルトキハ必ス教場ニ錯乱ヲ生ス故ニ事々ミナ教師ヨリ命令ヲ発シテ為サシムルト雖モ亦煩雑ニ流ル可ラス凡ソ教師タルモノ其機ヲ誤ラスシテ適当ノ令ヲ発スレハ必ス乱雑ヲ譲スノ理ナシ
　　　(山下 1875)(原文旧字体。杉村(2010)に従い新字体に改めている)

　要するに、子どもたちが何をしたらよいのか分からない状態に陥ると大騒ぎになるのだから、教師は簡潔明瞭に指示を発する必要がある、ということだ。「事々ミナ教師ヨリ命令ヲ発シテ為サシムル」とあるように、教師が命令して子どもに何かをさせる、という構図がすでにある。

　上記から分かるように、多数の子どもに対して1つの学習事項を一斉に与える方法をそのスタート時点から採用していた日本の学校は、たとえば今も残る始業時の号令のように、教師が子どもの身体をコントロールする必要性をもっていた。身体のコントロールを目指す表現が、「〇〇させる」とい

う助動詞に象徴されている。教育に対する日本人の考え方のそもそもの出発点に、子どもに指示や命令をして、身体的水準において「〇〇させる」ことがあったと言えよう。

1.3　「させる」への違和感

　明治期に始まる、子どもに何かを「させる」教育は、今なお続いている。学習指導案に使役の助動詞が残るのはその証左だろう。
　一方で、そうした教師の構えに対してオルタナティブを提示して、一方向的な知識の伝達をスタイルとする明治期以来の一斉授業法を乗り越えようとする教育実践者はこれまでも大勢いたし、現在でもかなりいる。
　そうした実践者に中野民夫がいる。彼の言葉を引用してみよう。

> 主体的な学びを促そうとしているのに、つい上から押しつけてしまう。それでは、大きな矛盾になりますよね。人は自分で発見し自分で苦労して身につけたものしか、結局あまり使えませんから、上から「グループディスカッション」だけさせても、主体的で深い学びにはならないでしょう。先生方はよく「生徒に〇〇させる」という言葉を使いますが、「させる」という感覚だと、ちょっと違うよなあ、といつも違和感を覚えます。
> 　　　　　　　　　　　　　　　　　　　　　　　（中野 2021: 39–40）

　もう1組、「〇〇させる」への違和感を述べた教師たちの言葉を紹介しよう。学級にファシリテーションを導入し、子どもたちと教師のエンパワメントを目指そうとする岩瀬直樹とちょんせいこは次のように述べる。

> 先生の主語は「ボクたち」「私たち」
> 　「やらせる」「させる」「がんばらせる」ではなく、「やってみよう」「してみよう」「一緒にがんばろう」。「ボクたちのクラス」「私たちのクラス」。使役の言葉は使わない。とても大事なスタンスです。
> 　　　　　　　　　　　　　　　　　　　　　　（岩瀬・ちょん 2011: 34）

中野は「○○させる」ことをもって学びへと導く伝統的教育観に対して「違和感」を覚えるという。そうした彼が提起するのがワークショップを活用した教育である。ワークショップは非常に幅広い形態を含むが、中野（2001: 11）によれば、「講義など一方的な知識伝達のスタイルではなく、参加者が自ら参加・体験して共同で何かを学びあったり創り出したりする学びと創造のスタイル」とまとめることができる。

　また、子どもたちに対するはたらきかけに「使役の言葉」を使わないよう提案する岩瀬・ちょん（2011）は、学級経営の中心に子どもたちによる自己選択と自己決定をすえ、そのためのスキルとして教師と子どもがファシリテーションを活用することを提案する。ファシリテーションとは、ワークショップを行ううえでも必要かつ重要なスキルの1つであり、「人びとが集まって、やり取りをしながら共同で何かを行うときに、コミュニケーションの場を保持し、そのプロセスに働きかける取り組み・仕組み・仕掛け」（井上 2021: vi）と定義される。

　ワークショップは教育の場のみならず、企業やNPO、アート活動など多様な場で用いられる。言ってみれば学校外の「実社会」で効果を発揮してきたコミュニケーション技法である。実社会は、多くの人びとの共同作業を通して成り立っている。そこには誰かに「○○させる」特権をもつ特定の人は、普通は存在しない。

　キーワードは、共同であろう。参加者がフラットにつながり、そこに生じるインタラクションから何か新しいものごとを生みだしていく。そのような実践としての教育を構想したとき、「○○させる」という言葉には、たしかに違和感を覚えるはずだ。

　そうかと言って、それではワークショップ型の授業を強制的に導入すれば、活動と身体のコントロールの上に成り立った明治以来の授業形態を乗り越えられるのかと問われると、筆者はそれにもまた違和感を覚えてしまう。授業において行われるワークショップもまた、教師によって「させられる」ものではないのか。子どもたちの横のつながりが重要だと指摘されれば、真面目な教師ほど、横のつながりを作ろうとして対話をさせたり、共同作業を

させたりするのではないか。

　ワークショップやファシリテーションを教育実践の土台に据えようとする教師たちを否定したいわけでは決してない。そうではなく、筆者は「○○させる」ことに奮闘する真面目な教師たちの取り組みの背後にあるものに焦点を当てたいのだ。それは、「○○させる」という表現の出発点にあった、活動と身体をコントロールしなければならないという教師の差し迫った動機である。この動機をほぐしてみたい。

　勘違いしないでいただきたいのだが、子どもをコントロールしたいという教師の動機を称揚したいのでもない。逆である。最終的に提案したいのは、少なくとも授業においては、子どもたちを信じ、教師自身も、いまだ名のない活動に身をゆだねてみてはどうか、ということである。そのために、授業においては教師が子どもたちによる活動と身体をコントロールしているという見方を相対化する、3つの見方をここで提示してみたい。これらの見方に触れてもらうことで、子どもたちの前に立つ教師の身体のこわばりが少しでもゆるめばと思っている。

2. 学校に協力する子どもたち

2.1　アイルランドの IRE

　1つ目の考え方は、教師が授業中の子どもたちの行為を一方的にコントロールするという図式を捨てて、子どもたちもその場で起こる活動の全体を成り立たせる作業にきわめて能動的に貢献していると捉えるものである。

　まず、20世紀初頭のヨーロッパの学校を描いた小説から始めよう。

　　──きみ、コクラン、どの都市が彼を呼んだ？
　　──タレントゥムです。
　　──よろしい。それで？
　　──戦争になりました。
　　──よろしい。どこで？

（中略）
　——場所は忘れました。紀元前279年です。　　　（ジョイス 1996: 63）

　1904年6月16日の午前10時頃、アイルランドはダブリンの南、ドーキーにある学校で、『ユリシーズ』作中2人いる主人公の1人、スティーヴン・ディーダラスは古代ローマ史の授業をしていた。
　コクランと呼ばれた少年は、イタリア半島にあった都市国家タレントゥム側に立って戦う古代ギリシャのピュロス王と新興国家ローマとの間で起きたアスクルムの戦いについて、知っている知識を教師に求められ披露する。
　教師が子どもに尋ね、子どもがそれに応答し、教師がその応答を評価する。現在ではIRE（initiation-reply-evaluation）連鎖（Mehan 1979）と呼ばれる、教師と子どもの間の定型的なやりとりのパターンがそこにはあった。

2.2　授業に協力する子どもたち

　現代の日本に戻ろう。1904年のアイルランドに観察された（虚構の）やりとりは、形を変えていまだ見られる。

　　1　教師：ということは　おもりの重さでは
　　2　生徒：変わらない
　　3　教師：棒の長さでは
　　4　生徒：変わる
　　5　教師：おもりの位置では
　　6　生徒：変わる
　　7　教師：ということだ　いい　　　　　　　　　（石黒 2016: 52）

　小学5年生の理科の授業、振り子の等時性を明らかにする実験を子どもたちと終えた教師は、実験においてさまざまに変えた変数（ここでは、おもりの重さ、おもりをつるす棒の長さ、棒のどの位置におもりをつけるか）によって、おもりが揺れて往復する時間がどのように変わるか、あるいは変わ

らないかを尋ねている。

　ジョイス（James Augustine Aloysius Joyce）が描いた教師と子どもの間のやりとりに見られた「なんという」「それで」「どこで」といった問いかけは、ここには見られない。また、「よろしい」というはっきりとした評価もない。教師がすでに知っている知識をあえて尋ね、問われた者の知識の正誤を判断する、IRE の明瞭なパターンはここにはない。

　しかし、形は変われども、やはりこれも IRE なのである。教師のイニシアチブ（「おもりの重さでは」、「棒の長さでは」、「おもりの位置では」）に続いて、教師の期待する発言を子どもたちがここぞというタイミングで一斉に合わせて行う。やりとりの締めくくりに「ということだ　いい」と言う教師の発話は、6 行に渡る掛け合い全体の正統性と妥当性を保証するはずである。結果として、「いま、みなで唱和した実験結果（変わらない、変わる、変わる）こそが、はじめから期待されていた結果なのだ」という理解を子どもたちにもたらす。たとえ、個々の班で行われた実際の実験結果が、上記のやりとりにおいて確認されたものとは一致していなかったとしても、である。

　石黒（2016）は、このようなやりとりが教師だけの奮闘努力で達成されるものではないことに注意を促して次のように述べる。

> この授業において結果的に達成されたものは何か。それは子どもたちも教師も皆 1 つの意見を共有することで授業を終えたという事実である。そこから言えることは実は生徒もまた積極的に「授業の成立」に協力していたということだ。ここで授業が 1 つの共有知識を生みだす形で終わることを子どもたちは一致団結して成し遂げていた。ここで出された単声化された語りは教師の声であり、同時に子どもたちの声だ。子どもたちは自主的にこの授業のやりとりの成立に「協力」していたのである。子どもたちの協力なしに授業のやりとりは成立しない。
>
> （石黒 2016: 51）

　石黒（2016）の指摘するように、教室という制度的空間の中で展開される

人びとのやりとりは、互いの協力として描くことができる。何を目指した協力か。それは、授業という活動を成立させることだ。子どもたちが仮に、教師のイニシアチブにことごとく無反応であるならば、状況はとたんに授業以外の何かになる。ジョイスの描いた教室もそうだ。コクランが黙りこくらんものなら、授業の成立はあやしくなるだろう。しかし大丈夫だ。授業活動の達成に協力的な子どもはたくさんいる。

　　――きみ、アームストロング、とスティーヴンは言った。ピュロスの最期はどんなだった？
　　――ピュロスの最期ですか？
　　――知ってます、先生。ぼくに当てて、とカミンが言った。
　　　　　　　　　　　　　　　　　　　　　　　　　（ジョイス 1996: 64）

　ピュロスの最期を知っているなら、早く言えばいいだろう、と思うのは早計である。カミンは「授業」の成立にこだわっている。教師からの指名があってはじめて発言できるという暗黙の規則を守ろうとしていた。アイルランド（IRE-LAND）の片隅で、みずから率先して、IRE の一部となろうとするカミンはたしかに授業に「協力」していたのである。
　これが第 1 の見方である。すなわち、教師は授業中の子どもたちをコントロールしているのかもしれないが、それを行うためには子どもたちが協力してくれているはずだ、という見方である。言い換えると、一方的なコントロールなどというものは、物理的な拘束でもしない限り、教室という空間ではそもそも不可能なのだ。

3. 学校を遊ぶ子どもたち

3.1 スウィングする吹奏楽

　2 つ目の見方は、子どもたちが学校的なものへの協力とともに行っている活動に目を向けるためのものである。子どもたちはたしかに授業に協力して

いる。と同時に彼らは、その協力を足がかりにして、とてつもなく創造的な活動を展開させているとみることができるのだ。

　文筆家であり中等教育の教師でもある矢野利裕は、勤務する学校の文化祭での吹奏楽部の演奏を聴きながら、学校的な統制力のもとにありつつもそこから解放されて自分たちの音楽を作っていく子どもたちの「自由」を感じている。

　矢野が聴いていたのは、音楽教師によってスウィングジャズのアレンジが施された唱歌『故郷の空』(『麦畑』としても知られるあの曲だ)であった。そのアレンジの特徴は、唱歌の楽譜に規定されたリズムから1拍ずらしたシンコペーションで全体が進んでいくことだったという。言い換えると、オリジナルの楽譜にあるような表の拍ではなく、その裏の拍でリズムを作り出していったのである。

　唱歌とは学校的なものを音楽的に象徴するものであろう。その象徴を利用し、アレンジされた吹奏楽部の演奏は、学校的なものに依拠しつつもそこから抜け出そうとする「自由」を感じるものであったという。

> 統制的で集団的な部活動の論理を抱えざるをえない吹奏楽部だが、ステージのうえに立ったとき、当然のことながら、そこには音楽の喜びが存在している。いかにも学校的・部活動的な統制の論理は音楽の全体を覆うことはできないのだ。
> （中略）
> 吹奏楽部員にかぎらず、学校に生きる生徒たちは、少なからずそのような自由を得ている。学校という規律訓練が求められる場所にありながら、だからこそ生徒は、そのすきまを縫うように、自由に、クリエイティヴにふるまっている。吹奏楽部の演奏やダンス部のBGMなど学校に流れる音楽は、その自由さを体現したものに思える。
>
> （矢野2022: 41）

　教師が「○○させ」て子どもたちの身体がコントロールされることで、そ

の動きは斉一的になる。子どもたちの斉一的な行動が求められるのは、教師が学習事項を提示する必要性があるからである。斉一的で統制の取れた行動は教師にとって有用なリソースであり、子どもたちの統一された動きを利用して授業実践を展開する。

しかし、子どもたちの斉一的な動きを使って活動を展開するのは、教師だけではないのだ。当の子どもたちもまた、斉一的な自分たちの動きを利用して授業とは異なる活動を展開させ、創造性を発揮しているのである。

3.2 「お誕生会」の呼びかけ遊び

年齢はぐっと下がり、3〜4歳児が保育園で行っていた「お誕生会」の準備過程に見られる「遊び」について、筆者はかつて分析したことがある（伊藤 2020）。「お誕生会」とは、月に1回、クラスごとに行われる保育園のイベントであり、その月に生まれた子どもたちをクラス全員でお祝いすることを目的としたものである。広い教室の中心に、その月生まれの子を取り囲むようにイスが並べられて、全員がそこに座る。司会である保育士の合図で、プレゼントをもらったり、『ハッピーバースデー』の歌を歌ったりする、そういうイベントだ。

分析の焦点は、「お誕生会」が開始されるまでの準備過程にあった。3〜4歳の子どもたちは、保育士が準備を進め、「お誕生会」が始まるまでのほんの2〜3分の間、イスから離れることなく座り続けていた。そのきっかけは、保育士が「お誕生会を始めるのでイスに座ってください」といったような言葉で子どもたちに宣言したことにある。それはそうなのだが、しかし、3〜4歳の子どもたちはスウィングする吹奏楽部以上に自由である。入園したての4月のお誕生会では、イスが並べられ、一度は座ったとしてもすぐにどこかに行ってしまう。保育士はなかなか「お誕生会」を始められなかったのだ。

しかしそれは5月まで。6月にはものの数分で「お誕生会」を始めることができた。スムーズに準備できるようになる変化の背後にあったのが、筆者が「呼びかけ遊び」と呼ぶ、子どもたちによる自発的な集団行動だった。

「呼びかけ遊び」とは、イスに座った子どもたちの間で、「○○ちゃーん」のように相手の名前を呼んだり、手をそちらの方に伸ばして振ったりして、互いに呼びかけをしあう行動である。そのクラスの全員とは言わないまでも、多くの子どもが同様の行動を「お誕生会」の始まるまでの数分間に行っていた。

　この行動が奇妙であることはすぐに分かるだろう。相手に呼びかけるのは、普通、相手に用事があってのことである。しかしこの遊びでは呼びかけることだけが繰り返される。用事はないのである。また、面白いことに、**隣り合ったイスに座る子どもにまで呼びかけがなされていた**。すぐそばに座っているのなら、肩をポンポンと叩いて注意を引けばいいはずである。しかし、大きな声で名前を呼ぶのだ。

　ここで注目すべきは、イスである。保育園にあるイスは、子どもたちの身体を一点に固定する道具でもある。それを保育士のいる方に向けて揃えて並べれば、すぐに教室のような空間ができあがる。いわば、イスは子どもたちの身体をコントロールするための器具なのである。

　イスによるこのような統制を、しかしながら、保育園の子どもたちは創造的に利用していた。「お誕生会」が始まるまでのしばしの隙間時間、子どもたちはそこで現在の自分たちの置かれた状況、すなわちイスに座ったまま動いてはいけないという状況を利用した行動を取っていた。それは子どもたちによって発見された「遊び」なのである。言ってみれば、子どもたちは保育園による統制を遊具のように利用して遊んでいるのである。こうした「呼びかけ遊び」は、スウィングする『故郷の空』と似ていると思う。

3.3　クリエイティブな内職

　着席する場所がイスによって固定されていることは、学校がもつ統制力の象徴である。ふたたび学年を上げて、今度は10代の子どもたちの教室での姿に目を向けよう。そこでも子どもたちは、イスによる移動の制限という不自由を逆手に取った「遊び」を展開する。

図1　消しゴムでドミノ倒しをする関くん（森繁 2011: 4-5）

　たとえば、メッセージの書かれた小さな紙を授業中にクラスメイトに渡していく「手紙回し」（と呼ぶのが正式かどうかは不明だが）は多くの人びとの記憶にあるものではないか。身体が座席に固定されているがゆえに、伝えたい相手に手紙を渡すまでに間の数人に協力を要請しなければならない。アナログな伝送網を教室内に出現させる活動に、子どもたちは共謀して関与している。

　「内職」と呼ばれる活動もまた、授業という統制を逆手に取った「遊び」の１つであろう。森繁拓真の『となりの関くん』は授業中の「内職」をテーマに描いた漫画である（図1）。教室の最後列の席に座る関くんは、消しゴムを並べてドミノ倒しをしたり、机の天板を鏡のように磨き上げたりと、横の席の横井さんの心配をよそに、好き勝手なことをする。

　好き勝手なことをしているような関くんであるが、しかし、選ばれる活動はなんでもよいわけではない。あくまでも、そのとき教室内で進行する授業という活動の展開を妨げないものが選ばれているのである。大きな声で騒い

だり、教師や他の生徒を無理矢理巻き込んだりしたとたん、授業は阻害されるはずであるが、関くんが選ぶ活動はそのような種のものではない。

消しゴムドミノは、学校から与えられた机という狭い空間、および静謐にしなければならないという授業中の教室空間という制約の潜在的利用可能性の1つなのである。関くんは机の上の可能性を、内職という「遊び」を通して創造的に発見し続けている。それが可能なのは、逆説的に、学校ひいては教師から活動と身体がコントロールされているからだと言えよう。

たしかに、授業中に内職をする子どもの姿を目にしたら、教師として怒りや心配を感じるかもしれない（おそらく筆者もそう感じるだろう）。内職を禁止したくなる気持ちもよく分かる。だからと言って、子どもたちの創造性は無用であり、教師はもっと統制せよ、さらにコントロールせよと言いたいのでもない。

本節までで述べたかったのは、教師によるコントロールという作業は共同作業者（すなわち子どもたち）なしにはありえないこと、その作業への協力の仕方には個々の子どもの独特なやり方があり、協力する状況を利用して創造性が発揮されることすらあるのだ、ということである。

「〇〇させる」ことを強いたとき、そこからはみ出る子どもたちの動きに注目してみよう。ここまで述べてきた見方を採用すれば、それは決して教師に対する反抗などではないこと分かる。あくまでも子どもたちは、学校なるもの、教師たる人に対して協力している。学校なるものや教師たる人から与えられる「〇〇させる」という、ある種のオファーに対して、子どもたちは個々人のやり方で応答しようとしている。このように見ることを提案したい。

4. 意味を取り戻す

4.1 「授業」とは誰のものか

子どもたちの身体をコントロールしようとする教師の動機をもみほぐすために、授業を含む学校でのさまざまな活動をとらえる見方を提案してきた。

1つ目の見方は、授業とは教師が一方的に「〇〇させる」ものではなく、そこに子どもがなんらかの形で協力をしていると見ることであった。2つ目の見方は、学校がもたらす身体的統制は、子どもたちにとって利用することのできるある種のリソースであり、言わば逆手にとって自分たちの活動を展開することが可能だと見ることだった。

教師がスイッチを押して子どもたちをあたかも機械のようにコントロールするなど、所詮できない。ならば何が起きているかは上記のような捉え方で見えてくるはずだ。

それでもなお多くの教師は、授業の方向づけの手綱を自分の手元に置いておきたいだろう。たしかに、子どもたちの動きの完全な制御などできない。子どもたちの学びのきっかけは与えられるかもしれないが、結果的に何を学ぶかまではコントロールしきれない。とは言え、教師と子どもたちとがまさに今行っているこの活動はやはり授業だ。だからこそ、授業という活動において適切な振る舞いを子どもたちに求めるし、そうでない態度は指導の対象となる。このように身体のコントロールをそもそも妥当としているのは、その場が「授業」として意味づけられているからである。

最後に、3つ目の見方について述べよう。それは、教室の中で起こる出来事はおのずから「授業」なのではなく、誰かによって意味づけられている活動なのだというものである。その「誰か」の候補は2通りありうる。教室という場にいる教師と子どもである。その両方の立場から考えてみよう。まずは教師の立場からだ。

授業として意味づけるのは教師である。教室に入った教師は「授業を始めましょう」というオファーを子どもたちの前で行う。それに応じて数人の子どもが「これから授業を始めます」と宣言する。このようにして開始される活動の意味を規定するのはオファーを行う教師、ひいては学校的なものであろう。教師は子どもたちにオファーを受けてもらうことにより、彼らを授業という活動の共謀者とすることが可能となる。

子どもが今自分の行うことを意味づけるのに用いる「授業」という言葉は誰のものか。端的に、学校的なもの、あるいはその体現者である教師のもの

だと言えよう。何者かが「教師」としてある空間に現れたとき、同時にそこは「授業」の行われる場として生成される。子どもたちは、そのような状況の定義（ゴッフマン 1985）に協働的に関与している。

一方で、子どもが校庭の外に出たとき、彼らは自分たちの行う集団的な行動の状況を自分たちで定義することができる。いつでもそうではないだろうが、自分たちの行う活動に名前をつけることもできる。たとえば遊びだ。「〇〇ごっこ」「〇〇遊び」といったように、自分たちで意味づけたその集団的活動は、まさに彼らのものなのである。もしかするとその活動は、傍から見るとどこを目指しているのか分からない謎の行動で構成されているかもしれない。しかし、内部にいる子どもたちにとっては十分意味をなす。

反対に、教育制度の枠組みの中で自分たちの活動を定義づけることはできない。自分たちで「授業を始めます」と宣言したからには、そこは授業以外の何物でもない。活動をあらためて定義することは相当に困難であろう。

活動を名づける機会を奪われた子どもたちは、それではただひたすら抑圧された存在なのかと言えば、そうではない。活動への名づけを放棄した先に触れるのは、教科書に示され、教師が話す言葉である。それらは、目の前の状況を離れて流通する可能性のある言葉たちなのだ。それらを身につけることは、子どもにとってはもしかすると謎で意味不明な出来事かもしれない（だから、「なんでこんなことを勉強するの」という不平がいつの世も出てくるのだろう）。しかし同時に、それを身につけることで、場所を異にして同様の体験（すなわち、状況を定義する言葉を教師から与えられること）をする大勢の人びととのコミュニケーションが可能になる。換言すると、学校が用意した言葉を、住む場所や時代を超えた人びとと共有可能になるのである。

本章冒頭で引用したジョイスの『若い芸術家の肖像』の主人公、スティーヴン・ディーダラス（そう、『ユリシーズ』の主人公でもある）は、植民地アイルランドに生まれた若者として、宗主国イギリスの言語（すなわち、英語）に違和感を覚えつつ、しかし、それを徹底的に身につけることで、普遍性をもつ文芸を創作しようとする。単に、世界の人口の中でアイルランド固有の

言語を解する人が少なく、英語話者が多いから普遍性をもつという話ではない。英語で作品を書くことにより、英語で書かれた膨大な詩、戯曲、小説、あるいはそれを含む英語の歴史に連なる道が開かれるのである。

　学校の言葉、教師の言葉を使えるようになることは、学習目標そのものなのである。学習目標に子どもたちを到達させようとする教師にとって、子どもたちが教師の言葉を使うことはごく自然であり、むしろそうでなければならない。子どもたちもまた、学校の中で、あるいは、多くの社会的場面において、教師の言葉を使うことで今ここを超えた普遍に近づくことができる。

　その行く先はどこか。かつて祖先が言語を奪われ、いまや英語しか話せないスティーヴンは、奪われたことを奪った者の言葉で物語る。それと同じように、子どもたちは、自分たちの行う活動を教師の言葉で名づけることを宣言したうえで、教師との協働の過程で身につけた言葉を用い、自分たちの立ち位置を意味づける。国語、英語、理科、社会といった教科の言葉は、ゆくゆくは自らを語るための言葉となるはずである。

4.2　意味生成としての学び

　次に子どもたちの立場から考えてみる。

　本当に、子どもたちは教室の中で起こる出来事について、教師から与えられた授業としてしか意味づけることができないのか。活動を意味づける能力は奪われたままでよいのか。

　活動を意味づける経験は、学校の中にあっても可能である。それを可能とするのが、1.3節で取り上げたワークショップなのだ。苅宿（2012）が紹介するように、ワークショップの中で子どもたちは「ただ遊んでいるだけなのではないか」といぶかしむ教師がいる。教師はなぜ「遊んでいる」と捉えてしまうのだろうか。

　ワークショップで行われることの中には、いまだ名前がない出来事が多数含まれるからだ。国語の授業中に起きていることは、「国語の授業」という名の参照枠に依拠して理解される。算数も、社会もそうだ。教師と子どもたちの行う活動にはすでに名前がある。

一方で、ワークショップで行われることは多種多様である。そこには、たとえば「○○づくり」とか「プロジェクト○○」といったように、あらかじめ理解の参照枠となる名前をもつ活動もあるだろう。しかし、ワークショップは予測不可能性という特徴ももっている。ワークショップが進む中で参加者たちのやりたいことが変化していき、始発の目標から大きく外れたところに到達することもある。そのとき、活動の全体をあらかじめ名前のついた何かとして指し示すことは難しいはずだ。

　インプロヴィゼーション（即興劇）を考えてみればよい。演劇的手法の1つであるインプロヴィゼーションは、最終目標地点を定めてから始めるのではなく、常にいまここにあるものごとから出発する（髙尾 2017）。参加者の誰かが提示したオファーがスタート地点である。それを引き受けて他の参加者が何らかの行為をまた他の誰かに差し出す。思い返せば、3.2節で取り上げた、保育園に見られた「呼びかけ遊び」も、インプロヴィゼーションのようなものだろう。ある子の行う呼びかけというオファーが他の子によって受け止められ、それが他の子に伝達されていく。そのプロセス自体が楽しみなのだ。

　子どもたちのそうした活動には、名前がない。「呼びかけ遊び」とは、その活動を指し示す必要があった筆者が便宜的につけただけである。ワークショップも同じである。ワークショップの中で参加者たちが行うこと、作りだしたものには、名前がまだない。オファーとそれへの応答の繰り返しによって最終的にできあがった何かについて、私たちは指し示す言葉をもたない。ワークショップの参加者たちは、私たちがすでに知っている言葉で指し示される何かを作ろうと逆算して協働してはいなかったからだ。

　すると、ワークショップを「遊び」として見てしまう教師がいるのは、当然なのかもしれない。私たちが日常使う「遊び」という語は、定義や対象化がしにくく、有象無象のものを外延にできてしまう非常に便利な（研究者にとっては扱いづらい）概念を指す（だから筆者は「呼びかけ『遊び』」と呼んだのだった）。ワークショップの成果物もやはり有象無象なのである。

　自身の制作活動のプロセスにヒントを得たフォーマットでワークショップ

を実施するアート・ユニット、明和電機の「ナンセンス・オモチャ研究所」を見てみよう。このワークショップ参加者の課題は、明和電機代表取締役社長・土佐信道の用意する「おかしな発想法」にしたがって、ナンセンスなオモチャを実際に創作することである。「おかしな発想法」は次の通りだ。

　①朝さわったものを 10 個挙げる
　②「おかしな」という文字をつける
　③「おかしな～」から想像する「イメージ」を思い浮かべる。
　④「イメージ」だけを残す。
　⑤ 10 個のイメージを羅列し、上から順に 2 つずつ 5 つの組み合わせをつくる。組み合わせた言葉から想像するものを考える。
　⑥ 5 つの想像したもののうち、オモチャになりそうなもののスケッチを描いてみる。
　⑦材料はどうするのか、メカニズムはどうするのかを考えて、本当に作る
　　　　　　　　　　　　　　　　　　　　　　　　　　（眞形 2009）

　参加者が創作するプロセスの②と③に注目しよう。私たちが普段から見慣れ使い慣れたさまざまな道具（たとえば、リモコン）を異化するために「おかしな」という形容詞をつける。「おかしなリモコン」が指し示す内容は、まだ決まっていない。そこから自由な発想が生まれ、最終的に、まだ誰も見たことのないナンセンス・オモチャが参加者の手によって誕生するのである。

　参加者の活動を傍から見ている者からすればただ遊んでいるだけかもしれないし、創造されたオモチャも「おかしな」としか表現しようもない何かかもしれない。このようにワークショップのプロセスとプロダクトには、名前がないのである。

　ここで重要なことは、これらに名前をつけることは可能だということである。さらに重要なことは、その名付けを行うのは創造主たる参加者自身であること、そして、最も重要なことは、自分の作り出したプロダクトの名づけ

親になれるのだと、参加者自身が自分の能力に気づくことである。

　ワークショップが始まる前は、プロセスもプロダクトも、それらを指す名前もなかった。したがって、参加者以外の者は（当の参加者、すら）そこで起こることを記述することができないのである。すでに存在し、社会的に共有された常識的な語による記述が不可能であること、これがワークショップの特徴の1つだと言えよう。

　ここで、読者とともに考えてみたい。教室の中で起こる出来事を「授業」以外の何かとして記述することは、いつ、誰にとって可能なのか。

　子どもたちが自らを「生徒」として位置づけ、「教えられ」「学ばされる」存在として意味づけるとき、そこで起こる活動は端的に授業なのだろう。

　ワークショップは、一方で、子どもたちがみずからの行う活動のプロセスやプロダクトに名前をつけることのできる体験でもあった。子どもが名づけの能力を取り戻すことでもあるのだが、一方で、教室の中で行われたとき、「授業」の名に回収されてしまう可能性ももつ。なぜなら教室においてはワークショップもまた教師によるオファーから始まるからだ。

　では、ふだん私たちが「授業」と記述してしまう活動への名付けを、参加者である子どもたちの手に委ねたとき、彼らは何と名づけるのだろうか。自分が置かれた場、自分が巻き込まれた事態、他者との関係性について、名前をつけて記述することが自分にはできるのだという経験を奪わないこと。従事する活動に意味づけることの可能な存在としての自分を発見することが、子どもたちにはできるはずだ。

　教師もまた、子どもたちとともに行うこの活動を「授業」以外の何かとして意味づけることができる。ときに、子どもたちによる名づけをオファーとして、教師がそれに応答して展開されるインプロに身を委ねることもあっていいのではないか。教室とは授業以外にもさまざまな活動の展開を許容する空間なのである。

　教室で学ぶことは、教師のオファーに応えて授業の言葉を身につけることにとどまらない。実際には、そのプロセスを意味づける経験を共同で行うことでもある。

注

1　原文は次の通り。"One might as well say he has sold when no one has bought, as to say that he has taught when no one has learned."

参考文献

Dewey, John.（1910）*How We Think*. Boston: D.C. Heath and Co., Publishers.
ゴッフマン，アーヴィン　佐藤毅・折橋徹彦訳（1985）『出会い―相互行為の社会学』誠信書房（Goffman, Erving.（1961）*Encounters: Two Studies in the Sociology of Interaction*. Indianapoils: Bobbs-Merrill.）
井上義和（2021）「はじめに―三つの仮説とアンビバレンス」井上義和・牧野智和編『ファシリテーションとは何か―コミュニケーション幻想を超えて』pp.v–xx. ナカニシヤ出版
石黒広昭（2016）『子どもたちは教室で何を学ぶのか―教育実践論から学習実践論へ』東京大学出版会
伊藤崇（2020）『大人につきあう子どもたち―子育てへの文化歴史的アプローチ』共立出版
岩瀬直樹・ちょんせいこ（2011）『信頼ベースのクラスをつくる―よくわかる学級ファシリテーション①　かかわりスキル編』解放出版社
ジョイス，ジェイムズ　丸谷才一・永川玲二・高松雄一訳（1996）『ユリシーズ』集英社（Joyce, James.（1936）*Ulysses*. London: John Lane, The Bodley Head.）
苅宿俊文（2012）「まなびほぐしの現場としてのワークショップ」苅宿俊文・佐伯胖・髙木光太郎編『ワークショップと学び1　まなびを学ぶ』pp.69–116. 東京大学出版会
Mehan, Hugh.（1979）*Learning Lessons: Social Organization in the Classroom*. Cambridge: Harvard University Press.
森繁拓真（2011）『となりの関くん　1』KADOKAWA
中野民夫（2001）『ワークショップ―新しい学びと創造の場』岩波書店
中野民夫（2021）「さまざまな分野へのファシリテーションの展開」井上義和・牧野智和編著『ファシリテーションとは何か―コミュニケーション幻想を超えて』pp.25–45. ナカニシヤ出版
杉村美佳（2010）『明治初期における一斉教授法受容過程の研究』風間書房
髙尾隆（2017）「インプロヴィゼーションと学びの関係デザイン」川島裕子編著『〈教師〉になる劇場―演劇的手法による学びとコミュニケーションのデザイン』pp.133–156. フィルムアート社
ヴィゴツキー，レフ S.　柴田義松・宮坂琇子訳（2005）『ヴィゴツキー教育心理学講義』

新読書社（Выготский, Лев С.（1926）*Педагогичекая психология*. Москва: Работник просвещения.）

山下厳麗（1875）『小学授業法 甲』青山清吉　国立国会図書館デジタルコレクション https://dl.ndl.go.jp/pid/810308（参照 2024–03–14）

矢野利裕（2022）『学校するからだ』晶文社

WEB ページ

Joyce, James. A portrait of the Artist as a Young Man. *Project Gutenberg*.〈https://www.gutenberg.org/files/4217/4217-h/4217-h.htm〉2024. 3.3

眞形隆之（2009）「潜入ルポ　明和電機のワークショップ―ナンセンス・オモチャ研究所」『大人の科学 .net』学研出版　〈https://otonanokagaku.net/feature/vol21/index.html〉2024. 1.1

第 2 章 | 集団での言葉の学びは
いかに成立するのか
── 通信制高校での小論文授業における
　　リソースの交渉

髙岡佑希

月夜の晩に、ボタンが一つ
波打際に、落ちてゐた。

それを拾つて、役立てようと
僕は思つたわけでもないが
なぜだかそれを捨てるに忍びず
僕はそれを、袂(たもと)に入れた。　　　　　　　　（中原中也「月夜の浜辺」）

1. はじめに―授業における多様な言葉

　授業では、さまざまな言葉が交わされる。教師が何かを問うのも、学習者がそれに答えるのも、その多くは言葉でなされている。しかし、少し耳を澄ませば、思いがけない言葉も聞こえてくる。ひそひそ話、突然の大声、あるいはたった一言のつぶやき。そうした、時に「おしゃべり」などと呼ばれる発話も、授業における言葉の1つである。
　では、授業中の「おしゃべり」は、どのようなものとして捉えるべきだろうか。この問いは難しい。そもそも、ある発話を「おしゃべり」と呼ぶ時点で、それを「授業の流れに関係ないもの」とする見方を含んでしまう。しかし、何が授業の流れに関係するのかという問題は、殊のほか複雑である。どのような発話であれ、その精確な意味は、授業の流れ全体を考慮しないと見

えてこない。にもかかわらず、教師はある発話を教室全体に共有すべきか否かという判断を即座に行わなければならない。そうした対応は功を奏することもあれば、そうでないこともある。ここに実践上の困難がある。

　もしそうした発話をつぶさに、授業の流れ全体を視野に入れて分析することができれば、授業における言葉に対する新たな見方を得られるだろう。そしてその見方は、これまで見落とされてきたかもしれない学習のありようを顕わにしてくれる。本章では、学習を個人内の変化としてではなく、社会的な達成として捉える（有元 2001: 84）。それは、学習を個人の内部ではなく、社会の諸要素との関係に展開して議論するためである（同上: 87）。こうした学習観のもと、本章では「リソース（resource）」（後述）という用語を鍵に、授業中の発話がどのように授業や学習の成立に関わるのかを明らかにする。

2.　授業における両義的な発話に注目する

　授業中の発話には、「学習内容や教材内容、授業の進行に沿っている」フォーマルなタイプと、「ふざけであったり、その授業で求められる学習の文脈から逸脱している」インフォーマルなタイプを見出すことができる（藤江 2000: 23）。通常、授業は学習者が効率よく学習できるようデザインされるが、実のところ、授業のやりとりは学習内容に沿ったフォーマルな発話だけで成り立っているわけではない。学習内容からの「逸脱」や「脱線」とも捉えられるインフォーマルな発話が、学習者によって、また時には教師によって用いられることは、経験的に知られているだろう。

　そして悩ましいことに、フォーマルな発話がいつも期待どおりの学習を実現するわけではないし、むしろ、インフォーマルな発話が結果的に学習に寄与する場合もある。しかし、個々の発話が授業に何をもたらすのかを、教室で起こるさまざまな出来事に対処しながら見極めるのは至難の業である。学習者の発話を最大限活かしたいと思いつつ、「勘」に頼って対応しているのが実情であろう。授業をデザインする教師にとって、学習者によるフォー

マル／インフォーマルな発話が、授業や学習の成立にどう関わるのかを明らかにすることは、実践上重要な課題だといえる。

　授業談話の研究には、インフォーマルな発話を授業進行との関わりから論じたものがある。たとえば、茂呂（1997）が報告する小学4年生の社会科の授業の事例では、児童の日常生活に根ざした方言使用による発話（「はなし」）が、停滞した授業のやりとりを活性化するきっかけとなった（同上：74）。また、本山（1999）が調査した小学5年生の「総合学習」の事例では、異文化の食事行為について話し合う場面で、ある児童による「反発」とも捉えられる発話が、教室に文化相対主義の見方をもたらした（同上：106）。これらの研究は、児童の「はなし」や「反発」といったインフォーマルな発話を、単なる逸脱ではなく、授業や学習に寄与しうるものとして再評価してきたことに意義がある。

　こうした知見を踏まえ、藤江（2000）は「課題解決の文脈に即している点ではフォーマルといえるが、認知表出としては不完全さを残していたり、個人的経験に基づいていたりする点でインフォーマルとみなすこともできるタイプ」の発話を「両義的」なタイプと定義した（同上：22）。そうした両義的な発話は、教師の対応によって「課題解決の促進や授業進行の円滑化に貢献する」ものとなりうる（同上：29）。たとえ発話にインフォーマルな側面が認められたとしても、他方のフォーマルな側面を際立たせ、その発話を授業のフォーマルなやりとりに位置づけることが可能なのである。

　ただし、ある発話をフォーマル／インフォーマルなものと位置づける主体は教師だけではない。学習者もまた、その位置づけをめぐる交渉に積極的に関与している。平本・五十嵐（2023）は、児童が自らの自発的な発話を、授業の「公的な発言」として受け取られてよいものとして（あるいはそうでないものとして）デザインしていることを指摘した（同上：60-61）。教師が学習者の発話をフォーマル／インフォーマルなものと位置づける際、それは教師のみの判断によるのではなく、そうした位置づけが自然となるような学習者自身の働きかけがあるというわけである。

　ここで注意したいのは、発話のフォーマル／インフォーマルな側面は、そ

の発話にはじめから具わった性質ではないという点である。ある発話のフォーマル／インフォーマルな側面は、教師と学習者が互いにその都度見出していくものである。ある発話が両義的なタイプだとみなせるのなら、それは教師と学習者が、その発話の位置づけをめぐって交渉した結果である。何がフォーマル／インフォーマルなタイプとして認めうるかは、その授業や学級の文化・歴史によって異なるのである。

では、ある発話の位置づけをめぐる交渉は、授業や学習においてどのような意味をもつのか。この疑問を明らかにするには、リソースという観点から授業を見ることが有効である。

3. リソースという観点から授業を見る

「リソース（resource）」という語は、一般的に「資源」と訳される。たとえば「限りある資源を大切に」という環境保全の標語が指すのは、水や森林、化石燃料などの「天然資源」である。つまり、「天然資源」といったときの「資源」とは、何か特定の用途に利用される材料や原料を指す。

一方、本章で用いるリソース[1]とは、「発言、身体動作、教科書、テクノロジーといった、相互行為上で利用可能なもののすべて」（五十嵐・笠木 2017: 261）を指す。「相互行為（interaction）」とは、ある活動を成り立たせる一連のやりとりのことである。授業という活動も、教師と学習者（同士）の相互行為によって成り立っている。そして、授業を成り立たせるには「教科書、テクノロジー」などの道具（モノ）を使うこともあれば、「発言、身体動作」などのふるまい（ヒト・コト）を用いることもある。本章では、こうした道具やふるまいをまとめてリソースと呼ぶ。

では、どうしてリソースという観点を導入するのか。その目的は、道具やふるまいを意味づける教師や学習者の積極的な働きかけを見取るためである。ある発話をフォーマル／インフォーマルなものとみなす位置づけは、その発話が学習のリソースとして利用可能か否かを意味づける行為でもある。ある道具やふるまいの学習リソースとしての利用可能性、つまり学習を成り

立たせるために有効なものか否かは、あらかじめ決められたものではない。それは当事者によってその都度見出され、意味づけられていくものである。

　話をまとめよう。授業中の発話には、学習内容に沿ったフォーマルなタイプと、学習内容から逸れたインフォーマルなタイプを見出すことができる。しかし、発話のタイプはあらかじめ決められたものではなく、教師と学習者の交渉によって、その都度位置づけられていくものである。また、ある発話を授業においてフォーマル／インフォーマルなものと位置づけることは、それが学習のリソースとして利用可能か否かを意味づける行為でもある。

　では、以上の議論をもとに、ここからは実際にある授業場面を「観察」してみよう。観察の焦点は、教師と学習者が何をどのように学習のリソースとして成り立たせているのかという点である。こうした観点から授業を見ることで、学習がいかに教師と学習者（同士）の緻密でダイナミックなやりとりによって成り立っているかが明らかになるはずである。

4. 私立通信制Ａ高校における国語科の授業―小論文の「テーマ」を決める活動

4.1　フィールドについて―Ａ高校の学習環境

　本章では、ある通信制高校で実施したフィールドワーク調査の結果を記述・分析する。調査にあたっては、佐藤（2002）に基づく参与観察やエスノグラフィック・インタビューを中心としたエスノグラフィー的手法を用いた。筆者は調査者として授業の様子を観察するとともに、授業間の空き時間を利用して教師を対象としたエスノグラフィック・インタビューを実施した。なお、記録にあたってはフィールドノーツのみを用いた。

　本調査が対象としたフィールドの概要は次のとおりである。

（１）調　査　校：私立通信制・単位制Ａ高等学校
（２）調査対象：国語科授業（教師5名、第2学年1学級、第3学年5学級）
（３）調査期間：2015年9月〜11月（計13日）

本調査のフィールドである A 高校（仮名）は、関東エリアにある私立高校である。A 高校は通信制・単位制を採用しており、個々の生徒のニーズに応じた学習環境を用意している。特に A 高校は、中学生時代に不登校を経験した生徒を積極的に受け入れる取り組みを行っている。たとえば、制度面では希望制による個別学習支援やカウンセリングの環境を整え、指導面では平素の授業を通して学級全体の関係づくりに力点を置いている。

筆者は授業の補助役という立場で、授業中は基本的に教室の後方で授業の様子をフィールドノーツへ記録しながら、教師からの指示や生徒の様子に応じて生徒の学習を支援した。机間巡回を行いながら、積極的に助言することもあった。筆者は A 高校の教師と生徒から「先生」と呼ばれていた。

4.2　事例について―小論文の「テーマ決め」をめぐるやりとり

本章では、全 32 時限の授業記録の中から 1 時限分を抽出し、これを分析対象とする。分析対象は、2015 年 11 月 11 日（水）1 校時に行われた「国語表現 2」(45 分間)での事例である[2]。当日の受講者は 3 年生 13 名（男子 6 名、女子 7 名）、授業者は H 教諭である。なお、H 教諭は当学級の担任ではない。分析上注目する生徒は、男子生徒・木原と女子生徒・熊谷、土浦（いずれも仮名）の 3 名である。

当授業では、授業開始から約 20 分が経過した時点で、H 教諭が今後の「レポート課題」について説明を始める。その説明によれば、「国語表現 2」

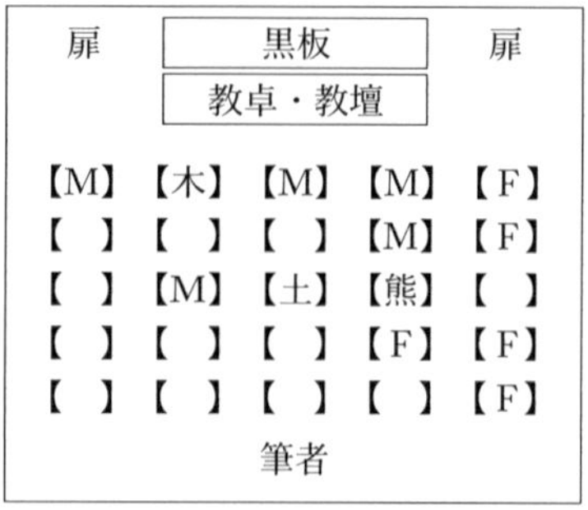

図 1　本事例における座席配置[3]

の最終「レポート課題」は自由テーマの小論文である。しかし、H教諭は生徒にとって下準備なしに小論文を書き始めることは難しいと判断し、今後複数回にわたって下書きから段階的に書き進めると生徒に説明した。当授業はその第1回であり、小論文のテーマを決めること(以下、「テーマ決め」と呼ぶ)を学習課題とする。なお、本事例における座席配置は図1のとおりである。

場面1[4]

(1)教師：((プリントを配付する))
(2)木原：テーマ決めた。人はなぜあくびをするのか。
(3) Ss ：((笑う))
(4)教師：そういうのでもいいよ。
(5)熊谷：人はなぜ願書を書くのか。
(6)土浦：おもーい。
(7)木原：それはちょっと。
(8)教師：((テーマの決め方について板書しながら、書くことが苦手な人は賛成／反対といった二項対立になるテーマを選ぶと書きやすいと説明し、その例として英語は必要か不要か、電車内で化粧をすることはマナー違反かどうか、という案を挙げる))
(9) Ss ：((書きはじめる生徒はいない))
(10)熊谷：((頰杖をついたり解いたりしながら板書を眺める))
(11)熊谷：なんも出てこない。
(12)土浦：ふ。((短く笑う))
(13)土浦：((教師を見やる))え、あう、なんでもないです。
(14) Ss ：((笑う))
(15)教師：((土浦のもとに近寄る))
(16)教師：((プリントの箇条書き指定の設問でマインドマップを作成

> していた[5] 土浦に対し、「図」でもよいと伝える))
> (17)教師：((土浦のプリントに書かれた「ドーナツはどうして穴が空いているか」というテーマを読み上げる))
> (18)　Ss：((笑う))
> (19)教師：((教壇に戻る際に木原のプリントを確認する))
> (20)教師：((課題について説明する前、木原が机に伏しながら目を見開いていたことを引き合いに出し、目を見開くことで眠気が覚めるというテーマでもよいと助言する))
> (21)熊谷：((木原のほうを向きながら、どうすればバスケットボールのパスが速くなるかというテーマを挙げる))
> (22)木原：それは練習あるのみ。
> (23)熊谷：ほんとずっとやってんのに全然速くなんない。
> (24)木原・熊谷・土浦：((約2分間、筋力トレーニングの話をする))
> (25)熊谷：バスケのパスにしよ。
> (26)木原：マジで？
> (27)熊谷：((プリントに書きながら))バ、ス、ケ、パス？　シュートにしよ。
>
> 　　　　　　　　((中略　約3分間[6]))
>
> (28)木原：俺、あくびより、どうしたら回転がかかるかにする。
> (29)熊谷・土浦：((笑う))

　場面1では、9つの「テーマ」[7]が教師と生徒によって発言されている。それらの「テーマ」と、その発言者および採用者の一覧を表1に掲げる。以下の節では、それぞれの「テーマ」について適宜略称を用いる。

表1 発言された小論文の「テーマ」とその発言者および採用者[8]

行	発言者	「テーマ」【略称】	採用者
2	木原	人はなぜあくびをするのか　【あくび案】	―
5	熊谷	人はなぜ願書を書くのか　【願書案】	―
8	教師	(英語は必要か不要か)	―
8	教師	(電車内で化粧をすることはマナー違反かどうか)	―
17	教師	ドーナツはどうして穴が空いているか　【ドーナツ案】	土浦
20	教師	(目を見開くことで眠気が覚める)　【眠気案】	―
21	熊谷	(どうすればバスケットボールのパスが速くなるか)　【パス案】	―
27	熊谷	シュート　【シュート案】	熊谷
28	木原	どうしたら回転がかかるか　【回転案】	木原

5. 学習課題を達成するためのリソース

5.1 教師に評価されうるようにデザインされた「冗談」

場面1a

（1）教師：((プリントを配付する))
（2）木原：テーマ決めた。人はなぜあくびをするのか。
（3）　Ss ：((笑う))
（4）教師：そういうのでもいいよ。

　本事例において、はじめに「テーマ」を宣言するのは木原である。木原は教師がプリントを配付（1行目）したタイミングで、「テーマ決めた。」（2行目）という前置きのもと、「人はなぜあくびをするのか。」（2行目）と発話している。一連の流れを考慮すると、「人はなぜあくびをするのか。」という発話は、小論文の「テーマ」を述べたものだと理解できる。
　「テーマ決め」という活動において、小論文の「テーマ」を決めることは

理に適っている。もっとも、決めた「テーマ」を発言で知らせるという指示はなされていないが、教師は木原のこの「テーマ」の宣言に対し、「そういうのでもいいよ。」(4行目)と評価的発言によって応えている。また、この評価的発言は木原のみではなく、学級全体に、どのような「テーマ」が「テーマ決め」において妥当なのかという基準を示す行為にもなっている。すなわち、「あくび案」は「テーマ」として「いい」(良い)ということが、他の生徒たちにも共有されている。その意味で、木原の2行目の発話は、教師によって学習課題に沿ったフォーマルなものと位置づけられている。

しかし、ここで注目したいのは、教師の評価的発言の前に生徒たちの笑い(3行目)が生じている点である。この笑いは、直前の木原の発話を「冗談」として理解し、その理解を行為として(つまり笑いとして)表したものだと捉えられる(水川1993: 83)。生徒たちの笑いが示すとおり、木原の2行目の発話を「冗談」と捉えるならば、これは学習課題から逸れたインフォーマルなものだということになろう。

そして、生徒たちのこの笑い(3行目)を考慮すると、その直後の教師の評価的発言(4行目)には、単なる「評価」以上の意味がある。つまり、木原の2行目の発話が生徒たちに「冗談」として扱われたことに対し、教師はそれと異なった反応、すなわち「評価」を与えることで、学習課題に沿ったものとしての捉え方を示しているのである。これは、一旦インフォーマルな発話(「冗談」)と位置づけられたものを、授業のフォーマルなやりとりに位置づけ直す行為である。その意味で、木原の2行目の発話は、インフォーマルなものとしてもフォーマルなものとしてもみなせる両義的なタイプである。

では、教師によって自らの発話をフォーマルなものと位置づけられた木原は、これで学習課題を達成したことになるのだろうか。いや、そうではない。木原は自発的に「テーマ」を宣言し、そして教師から肯定的な評価と捉えられる発話を得たにもかかわらず、この「あくび案」を自身のプリントに記入していない。つまり、木原はこの時点で「あくび案」を自身の「テーマ」に採用したと分かるような手立てをとっていない。なぜだろうか。

それは、木原自身が 2 行目の発話を「冗談」と位置づけているからではないか。この場合、生徒たちの笑いこそが期待に適った反応である。しかし、「授業中に冗談を言うこと」を達成するには、注意や制止を受けない（受けづらい）発話機会を得る必要がある。そのため、木原は「テーマ決めた。」と前置きすることで、自身の 2 行目の発話を「冗談」として発すると同時に、「テーマ決め」に関する発言、すなわちフォーマルな発話としても捉えられるようデザインしたのである。実際に、教師からは評価的発言を得ている。もしこの発話が「冗談」としか扱いえないものであれば、それは明らかにインフォーマルな発話として、教師から注意や制止を受けていたかもしれない。教師による評価的発言は、ここでは学習課題達成の根拠（リソース）としてではなく、「授業中に冗談を言うこと」を達成するために利用されたのである。

5.2 「冗談」として「テーマ」を発言することの促し

次に見るのは、教師の発話がある種独特な形で生徒の学習を支援する様子である。5.1 節では、木原が生徒たちの笑いを誘っていることについて分析したが、次の場面では教師が生徒たちの笑いを誘っている。

場面 1b

(13) 土浦：((教師を見やる)) え、あう、なんでもないです。
(14)　Ss：((笑う))
(15) 教師：((土浦のもとに近寄る))
(16) 教師：((プリントの箇条書き指定の設問でマインドマップを作成していた土浦に対し、「図」でもよいと伝える))
(17) 教師：((土浦のプリントに書かれた「ドーナツはどうして穴が空いているか」というテーマを読み上げる))
(18)　Ss：((笑う))

17行目で教師は「ドーナツはどうして穴が空いているか」と発話している。これは土浦のプリントに書かれた文を読み上げていることから、土浦の「テーマ」の代読として聞くことができる。そして、この代読の直後には生徒たちの笑い（18行目）が生じているが、教師はこの笑いを打ち消したり反論したりしていないという点で、自身の代読が生徒たちに「冗談」として扱われることを受け入れているように見える。その意味で、この代読は「いじり」や「からかい」とも捉えられるインフォーマルな側面をもつ。
　では、教師は「授業中に冗談を言うこと」を達成するために土浦の「テーマ」を代読したのだろうか。いや、そうではない。この代読は笑いを誘うことそのものではなく、生徒たちが「冗談」として「テーマ」を発言することを促すためになされたと考えられる。
　木原の「あくび案」は、当人たちにとっては「冗談」のつもりでも、教師にとっては学習課題に即したものと位置づけうるものだった（5.1節）。つまり、はじめから学習課題に沿った行為（フォーマルなもの）ではないとしても、そこに学習課題を達成するリソースとしての利用可能性を見出すことができる。だからこそ、「冗談」としてであっても「テーマ」の発言を促すことは、学習課題を遂行するうえで有効な手立てとなるのである。
　教師によるこの代読はインフォーマルな側面をもちつつも、それが学習課題達成のためのしかけであるならば、同時にフォーマルな側面をもつといえる。「授業中に冗談を言うこと」の意味が、教師によって学習課題を遂行する行為として位置づけ直されているのである。

5.3　「テーマ」決定のリソースとなる私的なやりとり

　次の場面では、生徒同士の私的なやりとりが生じる。明らかにしたいのは、私的なやりとりがどのように授業のなかで組み立てられ、学習課題の達成と関わるのかという点である。

第2章｜集団での言葉の学びはいかに成立するのか

場面1c

> (19)教師：((教壇に戻る際に木原のプリントを確認する))
> (20)教師：((課題について説明する前、木原が机に伏しながら目を見開いていたことを引き合いに出し、目を見開くことで眠気が覚めるというテーマでもよいと助言する))
> (21)熊谷：((木原のほうを向きながら、どうすればバスケットボールのパスが速くなるかというテーマを挙げる))
> (22)木原：それは練習あるのみ。
> (23)熊谷：ほんとずっとやってんのに全然速くなんない。
> (24)木原・熊谷・土浦：((約2分間、筋力トレーニングの話をする))

　まず教師が木原に目を見開くことで眠気が覚めるという「テーマ」でもよいと助言する（20行目）と、すかさず熊谷も木原のほうを向き、どうすればバスケットボールのパスが速くなるかという「テーマ」を挙げる（21行目）。そして木原は教師による「眠気案」には反応せず、熊谷による「パス案」に「それは練習あるのみ。」（22行目）と返答する。

　この「それは練習あるのみ。」という返答は、どうすればバスケットボールのパスが速くなるのかという問い（「テーマ」）への答えになっている。また、それに対する熊谷の「ほんとずっとやってんのに全然速くなんない。」（23行目）という発話は、「練習」をやってもパスが速くならないという趣旨の反論になっている。さらにこの応酬は、「練習」の一例として筋力トレーニングの話（24行目）に移行する。つまり、「テーマ」を挙げることから始まった熊谷と木原のやりとりは、その「テーマ」が小論文にふさわしいか否かという話ではなく、バスケットボールの技術向上に関する議論へと展開しているのである。この21–24行目のやりとりを「専門的な議論」と呼ぼう。

　注目したいのは、この「専門的な議論」が教師の助言（20行目）を発端にしながらも、その助言に反応しない（無視する）ことにより、木原・熊谷・土浦の3名のみで構成されている点である。後に木原の「俺、あくびより、

どうしたら回転がかかるかにする。」(28行目) という発話に対して笑い (29行目) が生じているが、ここで笑っているのも土浦と熊谷のみである。バスケットボールに関する「専門的な議論」からこの笑いまでは、3名のみの私的なやりとりとして展開しているのである。

一見すると、この「専門的な議論」は私的に展開され、かつ学習課題の内容を超えているという点で、インフォーマルなものに思える。しかし、「専門的な議論」を含む一連の私的なやりとりは、熊谷と木原の「テーマ」決定において重要な意味をもっていると考えられる。

場面1d

(25) 熊谷：バスケのパスにしよ。
(26) 木原：マジで？
(27) 熊谷：((プリントに書きながら)) バ、ス、ケ、パス？　シュートにしよ。

((中略　約3分間))

(28) 木原：俺、あくびより、どうしたら回転がかかるかにする。
(29) 熊谷・土浦：((笑う))

25行目で熊谷は「バスケのパスにしよ。」という発話により、この「パス案」を自らの「テーマ」として宣言する。これに対し、木原は「マジで？」(26行目) という驚きの表明をもって、熊谷との認識の違いを示している。熊谷が21行目でこの「パス案」を挙げた際も、木原と熊谷の認識は対立していた。つまり、「専門的な議論」を経てもなお、両者の間には「バスケのパス」に関して認識の違いがあり、そして認識の違いがあるにもかかわらず、熊谷は「パス案」を「シュート案」に部分的に変更しながら自身の「テーマ」として採用している。それはおそらく、現に議論可能であることから、小論文の「テーマ」として妥当であると判断したのであろう。

この「テーマ」決定には、教師の評価的発言が介在していない。けれど

も、熊谷は「テーマ」を決定している。そして木原も後にバスケットボールに関する「テーマ」である「回転案」を発案し（28行目）、これを採用した。木原たちの「専門的な議論」は私的でインフォーマルなものであるが、このやりとりを経て、熊谷と木原の2名は学習課題を成し遂げている。その意味で、学習課題達成のリソースとして役立ったのだといえる。

6. リソースの交渉としての学習

　さて、以上の授業場面では、どのように学習が成り立っていただろうか。事例全体の流れに沿って、分析してきたことをまとめよう。

　5.1節では、生徒たちに「冗談」（インフォーマルなもの）として扱われた木原の「あくび案」が、教師によって「テーマ決め」に沿った発言（フォーマルなもの）として位置づけ直されていた。また、木原の「あくび案」はフォーマルなものと位置づけられることで、「テーマ決め」において妥当な「テーマ」の一例（参照可能なリソース）としての地位を得ていた。

　5.2節では、教師による土浦の「ドーナツ案」の代読が、「冗談」として「テーマ」を発言することの促しとなっていた。この行為は、インフォーマルな発話である「冗談」をフォーマルなものに位置づけ直すのではなく、「冗談」として発話すること自体に学習課題を遂行するうえで有効なリソースとしての地位を与えるものだったといえる。

　5.3節では、木原・熊谷・土浦の私的なやりとりに注目した。3名による「専門的な議論」は会話に参加できる相手を限定し、なおかつ話の内容も学習課題を超えるようなものだった。しかし、級友同士での「専門的な議論」を経て、木原と熊谷の2名は「テーマ」を決めるに至った。「専門的な議論」は私的なやりとりであるが、彼らにとってはそれが学習課題達成のリソースとなりえたのだった。

　事例全体を通して浮かびあがるのは、教師も生徒も両義的な発話によって授業のやりとりを行っているという実態である。ある発話が学習課題を達成するためのリソースとなりうるかは、具体的なやりとりのなかで、教師と生

徒(同士)の間の交渉によって見出されていく。それらの発話は学習課題達成のリソースであると同時に、「冗談」や「専門的な議論」を成り立たせるリソースでもある。そしてまた、「冗談」や「専門的な議論」のリソースであるからこそ、生徒はその発話を利用・参照することができたのだと考えられる。

　もし木原たちの両義的な(インフォーマルな側面をもつ)発話がなければ、あるいは教師がそれを授業のフォーマルなやりとりに位置づけなければ、本事例の学習活動はまるで違ったものになったであろう。木原たち3名ばかりではない。直接的には発話していない他10名の生徒たちも、笑いによって授業のやりとりに参加している。教室にいる生徒たちは、個として集団の中で学ぶと同時に、集団として授業のやりとりを生みだしながら学んでいる。

　ここまで、インフォーマルな発話も学習課題の達成に寄与しうるということを明らかにしてきた。残された課題は、そもそもインフォーマルな発話とは何なのかということである。それは"in-formal"(「非‒公式」)といった、何かの否定としてしか捉えられないようなものなのだろうか。

7. 学習課題と社会的課題の両方に取り組む

　インフォーマルな発話固有の意味を捉えるには、教室で営まれる授業がどのような場として生徒に経験されているかという点を考慮する必要がある。榎本(2018)は、授業中の英会話としてなされた生徒同士の発話が複数の宛先をもち、それぞれ異なった解釈・評価を生み出すと指摘した(同上:23–24)。たとえば"How about you?"という発話は、会話の相手には文字どおりの「聞き返し」として、この活動を課した教師には「英語で会話を進める能力のサイン」として、周りで聞いている生徒には「手っ取り早く英語で何かを言うための(ずるい)策略」として受け取られる(同上:23)。こうした発話の意味の複数性に着目するならば、授業中の発話は「実践共同体としての『学級』、およびそのメンバーに対する責任をいかに果たす／果たさないか、メンバーの期待にいかに応える／応えないか、といった枠組みに照らし

て解釈される」べき事柄である（同上：24–25）。

　生徒は1つの授業のなかでも、複数の実践に参加している。それは教師によって用意された学習課題であったり、学級全体に対する「冗談」であったり、バスケットボール仲間との「専門的な議論」であったりする。そうした実践は、それぞれが分かたれているわけではなく、互いに重なる部分もある。また、あえて重なるよう仕向けることも実践の1つだといえる。

　ここでは、生徒が学級内の人間関係を構築・維持・更新することに関わる課題を社会的課題と呼ぶ。教室で、すなわち学級（集団）のなかで学ぶということは、学習課題と社会的課題の両方に取り組むことだといえる。本章が事例分析によって明らかにしたのは、一斉授業において個人に宛てられた学習課題ですら、偶発的なやりとりを通して協同的に成し遂げられているということである。学級（集団）で学ぶというのは、バラバラな個が同じ部屋に並んで学習課題をこなすこと以上の意味をもつのである。

　そして教師もまた、生徒とは異なる立場からこの社会的課題に関与している。本章が対象とした事例の授業者であるH教諭は、インタビュー[9]で次のように述べている。

　　その生徒の発言を使って授業を進めると、当人は参加している実感を得られるだけでなく、おかしな発言にみんなが笑ってくれることで嬉しい気持ちにもなる。笑っている生徒にとっても、教師の説明より分かりやすい場合がある。

　H教諭によれば、「その生徒の発言を使って授業を進める」ことには、「教師の説明より分かりやすい」という学習課題を遂行するうえでの利点に加え、当人が「参加している実感を得られる」「みんなが笑ってくれる」という点で、社会的課題においても恩恵がある。A高校では平素の授業を通して学級全体の関係づくりに力点を置いている（4.1節）が、教師にとって、生徒たちが学習課題を達成することと、社会的課題を達成する──すなわち人間関係を維持しながら教室に居続けられる──ことは、どちらも重要な課題

なのである。

　そして、授業における社会的課題は、なにも「おしゃべりタイム」のような特別な時間のなかではなく、学習課題と同時に取り組まれている。学習課題がインフォーマルな発話や私的なやりとりをリソースとして成立しうるように、社会的課題もまた、学習課題を遂行するやりとりからリソースを得て展開される。社会的課題は学級全体の関係づくりにおいて重要であるが、それが学習活動のなかで、あるいは学習活動の一部として取り組まれているということを本章の事例は示唆している。

8.　おわりに──言葉の学びはいかに成立するのか

　授業では、さまざまな言葉が交わされる。それは教室が学習課題だけでなく、人間関係の維持といった社会的課題の場でもあることの現れである。授業で交わされる言葉は学習課題のリソースであると同時に、社会的課題のリソースでもある。その意味で、授業の言葉は両義的でハイブリッドなものである。言葉の学びは、そうした両義的でハイブリッドな言葉を駆使し、学習を対話的（dialogic）に成り立たせていく交渉のうちに見出すことができる。

　ただし、「対話（dialogue）」が単に学習者の発話を教師の「台本（script）」に取り込むことを意味するかぎり、それは教師と学習者の関係に変革をもたらさない（Gutiérrez et al. 1995: 453）。学習が当事者の関係から創発（emerge）され、両者の変化により互恵的に達成されていくものであるならば（加藤・有元 2001: 3）、そこには教師自身の変化も伴う必要がある。教師が自らの「台本」から離れ、言葉の意味の交渉に参加していく。それが、教室で言葉の学びが成立する重要な要件である。

注
1　本章では、「天然資源」などとの用法と区別するため、resource という語を表わす際、訳語の「資源」ではなく、片仮名表記の「リソース」を用いる。
2　本事例の説明・トランスクリプト（転記録）は、すべて筆者のフィールドノーツに基づく。
3　図1中の「木」は木原、「土」は土浦、「熊」は熊谷、「M」は男子生徒、「F」は女子生徒の座席を示す。
4　以下に引用する場面は、本事例のトランスクリプトである。場面1は、H教諭（以下、教師と呼ぶ）が「レポート課題」の説明後、下書き用のプリントをその設問文を読み上げたうえで受講者全員に配付するところから始まる。この学習課題について、教師から生徒同士で話し合う旨の指示はなかった。本章では、次の表記法でトランスクリプトを作成した。括弧内の数字「(X)」は発話・行為の順番（行）を示す。発話中の読点「、」は短い間を示す。発話が断定文の場合は句点「。」、語尾の音が上がっている疑問文の場合は疑問符「？」で示す。二重括弧「(( ))」は行為の説明や筆者による補足を示す。トランスクリプト中の人物「Ss」は複数名の不特定生徒を指す。なお、木原たちの発話は振り向きながら発したという記述がない場合でも、教室後方の筆者が聞き取れる声量や速さであった。
5　土浦が箇条書き指定の設問で「マインドマップ」を作成していたことは、筆者が当授業中の机間巡回によって事後的に確認した。
6　カメラマンが来室し、卒業アルバムに載せる授業の写真を撮影する。約3分間、カメラマンが撮影を終えて退室するまで、生徒たちが卒業アルバムについて話す様子が散見された。
7　本事例における「テーマ」は、一般的に小論文に関して用いられるテーマ（たとえば「環境問題」）という語よりも、トピック（たとえば「プラスチックごみの削減」）という語に近いと思われる。本章では、当事者の語使用に則り、本事例で挙げられる小論文の題を「テーマ」と鉤括弧付きで表記する。
8　表1中の「テーマ」欄において、実際の発話どおりでないものには括弧を付した。
9　このインタビューは計画的に実施したものではなく、授業間の空き時間に行った面談や打ち合わせをもとに構成したものである。インタビュー内容は筆者がメモから書き起こしたものであり、発言の逐語録ではない。

参考文献
有元典文（2001）「社会的達成としての学習」上野直樹編『状況のインタフェース』

pp.84–102．金子書房
榎本剛士（2018）「言語イデオロギーとしての「英語教育」—中学校英語授業からの覚え書き」『言語文化共同研究プロジェクト』2017: 19–28．大阪大学大学院言語文化研究科
藤江康彦（2000）「一斉授業の話し合い場面における子どもの両義的な発話の機能—小学 5 年の社会科授業における教室談話の分析」『教育心理学研究』48（1）: 21–31．日本教育心理学会
Gutiérrez, K., Rymes, B., and Larson, J. (1995) Script, Counterscript, and Underlife in the Classroom: James Brown versus Brown v. Board of Education. *Harvard Educational Review* 65（3）: 445–471. Cambridge: Harvard Education Press.
平本毅・五十嵐素子（2023）「授業会話を作り出す—「ガヤ」のコントロール」五十嵐素子・平本毅・森一平・團康晃・齊藤和貴編『学びをみとる—エスノメソドロジー・会話分析による授業の分析』pp.53–72．新曜社
五十嵐素子・笠木佑美（2017）「ICT を活用した協働学習のデザインと生徒のワーク—中学校の授業実践を例として」水川喜文・秋谷直矩・五十嵐素子編『ワークプレイス・スタディーズ—はたらくことのエスノメソドロジー』pp.258–277．ハーベスト社
加藤浩・有元典文（2001）「アーティファクト・コミュニティ・学習の統合理論」加藤浩・有元典文編著『認知的道具のデザイン』pp.1–13．金子書房
水川喜文（1993）「自然言語におけるトピック転換と笑い」『ソシオロゴス』17: 79–91．ソシオロゴス編集委員会
茂呂雄二（1997）「発話の型—教室談話のジャンル」茂呂雄二編『対話と知—談話の認知科学入門』pp.47–75．新曜社
本山方子（1999）「社会的環境との相互作用による「学習」の生成—総合学習における子どもの参加過程の解釈的分析」『カリキュラム研究』8: 101–116．日本カリキュラム学会
佐藤郁哉（2002）『フィールドワークの技法—問いを育てる、仮説をきたえる』新曜社

WEB ページ
中原中也「在りし日の歌—亡き児文也の霊に捧ぐ」『青空文庫』〈https://www.aozora.gr.jp/cards/000026/files/219_33152.html〉2023. 12. 6

第 3 章 | 歴史・社会・文化の中の
リテラシー
──「論理的」を協同でつくる

石田喜美

「それからもう一つ申上げ度いのは、心理試験というものは、必ずしも、書物に書いてある通り一定の刺戟語を使い、一定の機械を用意しなければ出来ないものではなくて、今僕が実験してお目にかけた通り、極く日常的な会話によってでも、十分やれるということです。昔からの名判官は、例えば大岡越前守という様な人は、皆自分でも気づかないで、最近の心理学が発明した方法を、ちゃんと応用しているのですよ」
（江戸川乱歩『心理試験』）

1. はじめに──ある教室の風景から

　ある架空の教室の風景から話を始めたい。
　舞台となるのは、小学 5 年生のディベートの授業である。子どもたちは「食品ロスを解決するために、飲食店での食べ残しを持ち帰るべきか」についてディベートを行っている[1]。ディベートを行う前には「賛成派」「反対派」それぞれに、自分のチームの主張を支えるための資料を探す時間があった。今日の授業では、自分たちが調べた資料を使って、プレゼンテーション用のスライドを作成し、それを使いながらディベートを行う予定だ。教室内は 3 つのグループに分けられている。前方に座っているのは、今日ディベートを行う「賛成派」と「反対派」それぞれ 6・7 人の子どもたち。そして今日はディベートを行わない（おそらく次回の授業でディベートを行うのであろう）15 名程度の子どもたちが「ジャッジ（判定）」役として、教室中央か

ら後方にかけて座っている。今日ディベートを行う子どもたちは、「賛成派」も「反対派」もとても緊張した面持ちだ。

　チャイムが鳴り、授業が始まる。担任教師から今日の流れについての説明が行われたのち、いよいよ、子どもたちによるディベートが始まる。はじめに主張を行うのは、「賛成派」の子どもたちだ。子どもたちは機器操作役と発表者役に分かれる。機器操作役がタブレットを操作すると、教室前方に設置された大きなスクリーンに、「食べ物がなくて苦しむ子どもたち」というタイトルとともに、ほとんど骨と皮しかないような子どもたちが食料を求めて行列をなしている写真が映し出される。写真の中の子どもたちの表情は暗く、飢えに加え、炎天下のなか行列をつくって並ぶことの辛さも伝わってくる。その写真を前に、発表者役の子どもが写真について説明し、「世界にはこのように食べ物に困っている人たちがいるので、食べ物を大切にするために、余った食べ物を持ち帰るのに賛成です」とまとめる。次は「反対派」が自分たちの主張を述べる番だ。今度は「反対派」の子どもたちが、発表者役と機器操作役に分かれる。スクリーンに映し出されるのは、腐敗した肉や果物の写真。一部、カビが生えているかのような写真も含まれている。子どもたちは、腐敗した食べ物を食べることがいかに危険かを説明する。食中毒などの具体的な病気について説明したあと、「いくら食べ物を大切にすべきでも、それによって病気になるのは良くない」、だから反対だ、と主張する。このように、それぞれがとてもインパクトのある画像をスクリーンに映し合いながら「最終弁論」までの手続きが終えられる。その後、「ジャッジ」役の子どもたちが、「どちらがより説得力があったか」を投票する。どうやら「ジャッジ」役の子どもたちにとっては、腐ったりカビが生えたりした食べ物の写真から受けたインパクトの方が大きかったようだ。今回のディベートは「反対派」の勝利となった。

　授業後、この授業を担当した教師と話をする。教師は開口一番、「論理的であることの良さが、子どもたちに、伝わらないんです」と、ため息まじりに言う。

2. 「論理的」であるとは？

2.1 「論理的であることの良さが伝わらない」

「論理的であることの良さが、子どもたちに、伝わらない」——教師から、このような嘆息まじりの言葉を聞く経験は、1度や2度ではない。また、ディベートの学習に限ったことでもない。「論理的」な思考・表現の育成を担う説明的文章の学習（森田 2018: 124）においても、同様の「伝わらなさ」の経験が語られる。たとえば、光村図書の小学校用国語科教科書『国語 六 創造』に掲載されている一川誠「時計の時間と心の時間」を教材として使用した授業では、子どもたちに「筆者が自分の主張を支えるために挙げる4つの事例のうち、説得力があると感じるもの・説得力がないと感じるもの」について子どもたちに考えさせることがある。このとき、子どもたちが自身の経験や直感と照らし合わせて「説得力がない」と判断するのは、厳密な実験室的状況で行われた心理学実験の事例だったりする。子どもたちは、「そんな状況を自分は経験したことがないし、想像できない」ことを理由に、心理学実験の成果に基づく論証を「説得力がない」と断罪する。心理学が「科学」になろうとする歴史の中で、心理学実験の発明は画期的な出来事であったわけだが（サトウ 2022: 38）、子どもたちにとって、「科学」が必要とする厳密な実験・観察およびそれにもとづく論証は、自身の経験や直感から乖離した「説得力のないもの」に映ってしまうのかもしれない。

2.2 「論理的」であることを構成するコンテクスト

これらの話は、Luria が中央アジアの農夫たちを対象に行った論理課題に関する調査（Luria 1971）と、それに対するコール＆スクリブナー（1982）の批判を想起させる。Luria が行ったのは、2種類の三段論法の論理課題を農夫たちに提示し、それらに対して彼らが正解できるか否かを確かめる調査である。2種類の論理課題は、以下のようなものであった[2]。

（1）綿花は高温多湿な場所で育つ。この村は高温多湿である。では、綿花

はここで育つだろうかそれとも育たないだろうか。
(2) 1年中雪がある北の方では、熊は白い色をしている。Xという町は北の方にある。では、その町にいる熊は白いだろうか、白くないだろうか。

　Luria (1971) によれば、農夫たちは、彼らが具体的に経験しうる (1) のような論理課題については難なく正解に辿りつけるのに対し、彼らの日常経験と無関係な (2) のような論理課題では正解に辿りつくことができなかったという。コール＆スクリブナー (1982) は農夫たちの答え方に着目した。彼らによれば、農夫たちは (1) の課題で正しい答えを導き出したが、その際に、「そういうことなんだ。わしはこの身で知っておる」というように、彼らの実際の経験をその裏付けとして用いていた。また (2) に対しては「その熊の色が何色かなんて、わしにどうしてわかるというんだね。その熊を見たのはあんたの友だちだろう。その友だちに聞いてごらん」と述べたという。コール＆スクリブナー (1982) はこのような農夫たちの反応を踏まえて、彼らがこの2種類の課題に対して示した反応をまったく「異なったもの」だとし、正解／不正解だけを見ようとした Luria (1971) を批判した。
　一川誠「時計の時間と心の時間」に対する子どもたちの反応は、自分自身の具体的な経験を裏付けとして、論理課題を提示された農夫たちの反応と類似している。農夫は形式論理的な「論理」に対して、子どもたちは科学がその基盤とする実証主義的な「論理」に対して、その「論理」がもつコンテクストを共有しないまま、コミュニケーションを行っている。
　川床 (2007) は、「状況論的、かつ、エスノメソドロジー的視点」から、このような事態について、「この種の論理的推論テストは、被験者の論理的能力というよりは、ある種の言葉によるゲームのコンテクストの構成に参加できるかどうかを見ていたことになるのではないだろうか。」(川床 2007: 24–25) と問いを投げかける。ここで「状況論」とは「認知や学習を、人々がさまざまな道具やリソースを積極的に利用し、かつ、それらを再配置、再編成しながら状況を作り出すことと認知的行為を組織するものとして考え

る」(川床 2007: 20)立場であり、エスノメソドロジーとは、「人びと(エスノ)が、観察可能な社会活動を協同して作り出す方法(メソッド)を研究する学問である」(山田 2018: 29)。川床(2007: 21–22)はこれらを組み合わせた立場から、コンテクストとは、いつでも安定した状態で変わらずにそこにあるような「静的」なものではなく、そこに参加する人びとがその場にある道具やリソースを活用しながら協同して作りあげていく「動的」なものと捉える。そのように見てみると、このような事態が示しているのは、農夫と調査者、および、子どもたちと教師が、「論理的」であることをめぐるコミュニケーションを進めていくためのコンテクストを協同で構成することに失敗した、という事実である。こう見てみると、「論理的であることの良さが伝わらない」という教師の嘆息は、また違った相貌をおびてくる。

　「論理的」であることの良さが伝わることとは、教室の中にどのような状況が作り上げられることを指すのだろうか。そもそも「論理的」とはいったい何を意味するのか。Luria (1971)の調査において「論理的」とは、形式論理的な推論の形式に沿って思考し語ることを意味していた。一方、一川誠「時計の時間と心の時間」における「論理的」は、科学的な実証主義に基づく論証を念頭に置いているだろう。では、ディベートで求められる「論理的」とそれとは同一のものだろうか。一言で説明的文章の学習と言っても、教材や単元によって、求められる「論理」も異なるのではないか。

2.3　歴史・社会・文化に埋め込まれた「論理的」

　渡邉(2021)は、日本の教育やビジネスにおいて「論理的思考」の重要性が喧伝される一方、「教育でもビジネスでも重要な能力と位置づけられながら、論理的思考の定義で二つの分野に共通するのは、説明したり議論したりする際の手続きとして『証拠を示すこと』くらいである」(渡邉 2021: 2)と指摘する。たしかに、巷にあふれるビジネス書の類を見てみても、いわゆる形式論理的な推論のようなものを「論理的思考(ロジカル・シンキング)」と呼ぶものがあるかと思えば、プレゼンテーションで顧客に対してわかりやすく説得力をもって話すための力を「論理的表現」と呼んでいたりもする。

すでに見てきたように、国語科に限っても、各教材や単元で想定される「論理的」な思考・表現のありようはさまざまだ。

世界に目を転ずれば、「論理的」に対するさらに多くの捉え方が存在する。Kaplan（1966）は、世界30数か国から来た留学生700名以上によって執筆された小論文を分析し、文化に固有のものと思われる論の進め方を、英語・セム語・東洋・ロマンス語の4類型に分類するとともに、論理展開が図示できないロシア語を第5のタイプとした。また渡邉（2023）もアメリカのエッセイ、フランスのディセルタシオン、イランのエンシャー、および日本の感想文を比較し、それらの構造・論理の違いを以下のように整理している（表1）。ここで興味深いのは、一見同じ「序論―本論―結論」構造を持つように見える、「エッセイ（米）」「エンシャー（イラン）」「感想文（日本）」の間においても、それぞれに書くべきとされる内容が異なることだ。日本の「小論文」の場合、その構造・論理は「感想文（日本）」と比べ、「エッセイ（米）」に近いものの、それでも、「本論」において「主張の根拠（2つ）」に

表1　エッセイ、ディセルタシオン、エンシャー、感想文の構造比較
（渡邉 2023: 236）

エッセイ（米）	ディセルタシオン（仏）	エンシャー（イラン）	感想文（日本）
序論 主張	**導入** 概念の定義、問題提起、問いによる全体構成の提示	**序論** 主題の背景	**序論** 対象の背景
本論 主張を支持する事実（3つ）	**展開**：弁証法 　a.　定立（正：thèse） 　b.　反定立 　　　（反：antithèse） 　c.　総合 　　　（合：synthèse）	**本論** 主題を説明する3段落 1.　出来事発生の時空間 2.　文章の雰囲気作り 3.　詳細の説明	**本論** 書き手の体験
結論 主張を繰り返す	**結論** 全体の議論をまとめて問いに答え、次の課題を提示	**結論** ことわざ・教訓・詩の一節・神への感謝で意味づけ	**結論** 体験後の感想・今後の心構え

加えて「「だがしかし……」(別の見方の挿入)」が入れられるべきとされるなど、独自に求められる構造・論理が見られる(渡邉 2021: 19)[3]。

　このように、「書く型には、社会そのものが反映される」(渡邉 2021: 237)のであり、何を「論理的」であるとみなすかは、そのコミュニティがこれまでに辿ってきた歴史や、現在、そこで営まれている社会・文化的な実践、そして思い描こうとする未来によって異なる。「論理的」な思考・表現は、このような意味で、コミュニティの歴史・社会・文化の中に埋め込まれているのだ(同上: 237–238)。

3. 「論理的」であることを協同してつくる

3.1　コミュニケーション上の感覚としての「論理的」

　では、「論理的」であることの教育・学習を考えていくためには、何をどこから考えていけばよいのだろうか。これを考えるためのヒントとなるのは、先ほど紹介した Kaplan (1966: 4) が、論理展開の「型」を見出すための枠組みとして用いた2つのポイント——「統一性(unity)」と「一貫性(coherence)」——である[4]。

　Kaplan は、説明に必要な部品があますところなく揃っているときに生まれる感覚を「統一性」と呼び、それら必要な部品が読み手にとって理解可能な順序で並んでいるときに生じる感覚を「一貫性」と呼んだ。ここで重要なのは、「統一性」にしても「一貫性」にしても、それが「読み手」がそれを読んだときの「感覚」として生じるということだ。私たちは、「論理的」であることを、自分たちが日々生きている具体的な日常やそこで生じる経験と無関係に存在するもの、あらゆる人びとの主観から離れた普遍的かつ客観的な何かであると考えている。しかし、ここで Kaplan が述べているのは、「論理的」であることが、私たち自身の具体的な感覚として生じるということだ。

　つまり、コミュニケーションが営まれる特定の場やそこで行われる相互行為と、「論理的」であるという感覚は切り離せない。川床(2007)は、Luria

の調査における実験者と農夫とのやり取りを「コンテキストを協同的に構成すること」(川床 2007: 24)の失敗と見なしていたが、何を「論理的」であるとみなすかを交渉するためのコンテキストは、常に、協同的に構成されなければならないのである。「論理的であることの良さが伝わらない」という教師の嘆息の背後には、教師自身がこれまで「当たり前」に有してきた「論理的」であるという感覚があり、それが子どもたちと共有されなかったこと、言い換えれば、教室における共同の経験の中でそれが生じなかったことが示されているのだろう。そうであるとすれば、考えるべきは、いかに「論理的」であるという感覚が共同で生起しうるようなコンテキストを、教師と子どもとが協同的に構成しうるか、である。

3.2 「論理的」であることを経験するコンテクストの協同構成

このように問いを立て直してみると、現在の国語科の教科書教材に見られる「論理的」な思考・表現の多様性は、むしろ、その都度、教師と子どもたちとが、「論理的」であることの意味を交渉するためのコンテクストを協同的につくることを、必要なプロセスとして促しているように見える。たとえば、教育出版の小学6年生用教科書『ひろがる言葉　小学国語　六上』には、工学者による仮説実験型の論証構造をもつ教材「雪は新しいエネルギー——未来へつなぐエネルギー社会」(媚山 2024)が掲載される一方、その下巻には現象学的な論証構造をもつ教材「ぼくの世界、きみの世界」(西・川村 2024)が掲載されている。これらの2つの教材の読み手が抱く「論理的」であることの感覚は、まったく異なるであろう。そうであるとすれば、教師と子どもたちは、教材・単元ごとに、その都度、何かを「論理的」なものとして経験するためのコンテクストを協同で構成する必然性に迫られる。「論理的」であることの学習は、そのような協同的な作業を積み重ねることによって、はじめて生じうるものなのだ。

このような主張に対しては、次のような反論が予想される。協同的な活動がなくとも、「論理的」な表現のための「型」や、「論理的思考(ロジカル・シンキング)」のためのツールの使用に習熟することは可能であり、それに

よって「論理的」であることを学習することは可能なのではないか、という反論だ。もちろん、これらの道具を与え、その使用方法に習熟するように指導したり、あるいは学習したりすることは、可能だ。しかしその結果として生み出されるのは、冒頭に示したディベートのような風景だろう。子どもたちは、プレゼンテーションツールを使いこなし、「主張」とのその「根拠」をアメリカ式の「エッセイ」型の構成で並べて語ったり、書いたりすることはできる。しかしいくら道具を使いこなしても、協同的に「論理的」であることを経験し実感するためのコンテクストを作り上げるプロセスがなければ、そこに「論理的」であるという感覚は生じえない。また、冒頭に示した例では、ディベートのための調べ学習を行うなかで、同じチームの子どもたち同士で「論理的」であるとは何かを考え感じるためのコンテクストは構成されていた可能性があるが、個人の学習では、それすらも生じえない。ただ、「論理的」と名付けられた道具を使うことそのものが、「論理的」な思考・表現を行うことそのものであるということになってしまう。

3.3 「論理的であること」を支えるコミュニティ

「論理的」であるという感覚が生起されるようなコミュニティとはいかなるものだろうか。そのようなコミュニティはいかに生み出され、維持されていくのだろうか。ここでは、そのようなコミュニティの例として、大学内で自主的に営まれるゼミナール（以下、自主ゼミ）を取り上げる。

眞埼（2021）は、日本古典文学の輪読を行う自主ゼミを対象にエスノグラフィックな調査を行い、自主ゼミに参加する学生たちの批判的思考態度の形成を支える要素を明らかにした[5]。興味深いのは、その態度形成が、直線的にその向上を促していくような支援によって成し遂げられているわけではないという点だ。私たちは、ある態度形成について考える際、その態度の定着に結び付くような単線的な支援を思い描きがちだ。たとえば、批判的思考態度であれば、その形成に向けて、より「論理的」に思考することの良さが感じられたり、証拠を重視しないことによって生じる問題を実感したりする機会を設定するなどといった支援を思いつく。自主ゼミにおいても、それと類

するような機会は設定されているようだが、それだけではない。この態度形成を支えるコミュニティの熟達者である「先輩」たちは、あえて批判的思考態度の表出を抑制する、ということも行っている(眞埼 2021: 162–163)。

　なぜ、そのような抑制が行われるのだろうか。それは、自主ゼミの新参者である1年生たちが、批判的思考態度をもって繰り出される3年生の発言に対して、「こわさ」を感じることがあるからである。たとえばある1年生は、同じ自主ゼミ内のある3年生の質問の仕方に対して「ああいうの聞いてて、自分だったら、うわこわいなとか思っちゃったり、はじめはしてました。鋭くないですか？」と述べている(同上:162)。

　1年生たちがこのように当初「こわさ」を感じながらも、このような姿に否定的なイメージを持たず、自主ゼミへの参加を継続していくために、「先輩」たちは、批判的思考態度の表出を抑制する。たとえば、ある3年生は、自身の解釈の違いを表明しないことについて「まぁ、そこは問題ないです。特に注釈書が言っているわけじゃないんで。はい。僕の考えなんで、それは。」と述べている(同上:163)。あくまで自身の解釈を「僕の考え」と位置付けることで、証拠となる文献を重視するという態度と、1年生に対して自身の解釈の表明はしないという判断とを両立させているのである。本来、批判的思考態度は、このコミュニティ内で望ましいとされる態度の1つであるはずだが、その表出のありかたが、調整・交渉されているのである。

　重要なことは、このような調整・交渉によって、新参者である1年生たちがゼミに継続的に参加し続けることができ、コミュニティ内で求められる批判的思考態度を徐々に形成していくことができるという点である。またそれが、自主ゼミという、批判的思考態度を形成するためのコミュニティ全体を維持させることにもつながっている。

　ここで、眞埼がエスノグラフィーによって描きだしたのは批判的思考態度であり、「論理的」な思考はその一部に過ぎない。しかし1年生がある態度の表出のありようについて「こわさ」を感じることによって、そのコミュニティ内で望ましいとされる「論理的」な思考・表現として求められるものも変容させられるであろうことは想像に難くない。「論理的」であるとは何

か、どのような「論理的」な姿を理想とするのかは、このようなコミュニティの参加者相互の交渉と調整のなかで、協同的に構成されていくのである。

3.4 「クラスの悩み相談室」の実践

　学校・教室においても、そこでの日常的な実践と結びつけることによって、教師と児童・生徒とが協同で「論理的」であることを構成していくようなコンテクストを生み出すことができる。次に紹介する「クラスの悩み相談室」の実践は、そのような授業実践だ。

　この授業実践は、中学1年生のあるクラスを対象にして、全3時間の単元として実施されたものである。「同じクラスの友達の悩みについてその解決方法を考え問題点を整理して相手にアドバイスの手紙を書く」ことを学習目標とし、次のようなプロセスで授業が展開した。はじめに、本授業の実践者である森下教諭が、対象クラスのある生徒が直面している「悩み」の内容をクラス全員に提示した。次に、生徒たちはその生徒の「悩み」について話し合い、自分たちがその「悩み」に対して何を書くべきかを整理した。その話し合いを受けて、書くべき内容についてのメモを作成したのち、実際に手紙を書いた。最後には、このようにして書かれた手紙について生徒同士で共有し合い、評価する活動が行われた。

　この授業実践のタイトルが「クラスの悩み相談室」であることからも推察されるとおり、この実践では、生徒たちが、小論文やディベートで求められるようなエッセイ型の話型を使うことを求めているわけではない。一見すると、「論理的」であることとはかけ離れているようにすら見える。本実践が「論理的」であることと結びつきうるのは、この実践が論理療法のカウンセリングを念頭においているからである。論理療法とは、精神療法家のアルバート・エリスによって開発された心理療法である（サトウ 2022: 168–169）。論理療法とは呼ばれているが、原語は「rational therapy」であり、いわゆる「ロジカル（logical）」な思考ではなく、「合理的（rational）」に考えることを重視している。具体的には、「〜でなければならない」「〜であるべき」といったクライアントの非合理的な信念（Belief）をターゲットとし、

反論（Dispute）によって、それを合理的な信念へと変えることをねらいとする（同上）。森下教諭は、このような論理療法の考え方をとりいれることで、「クラスの悩み相談室」を、単なる「悩み」の共有・共感の場ではなく、「論理的」に考えることを求める場としてデザインしようとしたと考えられる。

　この実践においてポイントとなるのは、「クラスの悩み相談室」という場のなかに「論理的」に考えることを位置づけたことであろう。森下教諭によれば「本学級の生徒は、日常の出来事、感想、悩み、要望等を担任に伝える手段として日記『ライフ』を毎日提出」しており、「担任はこの『ライフ』によって、生徒一人ひとりの置かれている状況や、思いを把握し、悩みの相談に応じたりしている。また、書かれている内容がクラスの生徒に考えてもらいたい内容である場合には、それをもとに話し合いをするように心がけている」（森下 1998: 271–272）という。つまり、生徒たちが、学校でふだんから行っている日常的な実践の延長線上に、「論理的」な思考・表現が位置づけられている。そしてそれは、クラスの中の誰かが抱える問題を解決するものとなる。そのため生徒たちは、本実践内で、非合理的な信念にアプローチするなんらかの「反論」が示された際、それがどのような感覚をもたらすものなのか——「論理的」であるという感覚をもたらすものなのか否か——を、自分自身の経験と照らし合わせながら見出していくことができる。

　森下（1998）には、森下教諭によって持ち込まれた論理療法的な思考・表現のありかたについて、生徒たちがどのような反応をしたのかまでは記載されていない。しかしながら、本実践において、生徒たちの感覚に基づくさまざまな「論理的」なるものが示されたことは想像に難くない。生徒たちがそれぞれに考える「論理的」なるものの姿を出し合い、生徒たち同士でそれらに対して価値づけ合い、評価し合うとともに、教師もそれらを意味づけたり、価値づけたりしたのだろう。そのようななかで、「論理的」であるとはいかなることなのかを考えるためのコンテクストが、協同的に作りあげられていったのではないか。

　このような「論理的」であることの教育・学習の姿は、型やツールのみを生徒たちに伝え、それに習熟させようとするような授業の姿とは、かけ離れ

ている。しかし「論理的」であることが歴史や社会・文化に埋め込まれたものであり、「論理的」であるという感覚がそれが協同的に作り上げられるコンテクストの中でしか生じえないのであれば、このような場こそが、「論理的」であることの教育・学習のために必要不可欠なのだ。

4. おわりに―社会的・文化的構築物としてのリテラシー

　ここまで、「論理的」であることに焦点を当てながら、その教育・学習が協同的な場においてこそ成り立ちうることを確認してきた。本章の議論は、「論理的」な思考・表現に限らず、より広く、リテラシーの教育・学習を考える際にも適用可能である。

　英語の「リテラシー(literacy)」には、「読み書き能力（のあること）」と「学問（教育）のあること」という2つの意味がある（竹林ほか2002）。「論理的」であることは、この両方の意味に関わる。「論理的」であることは、「論理的」に読み書きができることでもあり、教育を受けた教養あるものとして「論理的」に思考できることでもある。リテラシーという語に、本来的にこの2つの側面が備わっているのであるとすれば、本章で展開してきた議論を出発点に、リテラシー全体について考えていくことができる。

　桑原（2008）は、1997年に『Language Arts』誌に掲載されたWillis（1997）の「歴史的考察（Historical Considerations）」に基づき、リテラシーについての考え方が時代によっていかに変容してきたかを論じている。Willis（1997）は、米国のリテラシー研究における焦点の変化を、(1)スキルとしてのリテラシー（Literacy as Skill）から(2)学校で教える知識的リテラシー（Literacy-as-School Knowledge）へ、そして(3)社会的・文化的創造としてのリテラシー（Literacy as Social and Cultural Construct）へという流れでまとめている[6]。また桑原（2008: 12）はこの流れを「コンテクストをどのように位置づけるか」という視点から整理しなおし、次のように述べる。

　　(1)はコンテクストとは切り離すか排除する立場である。(2)(3)は

ともにコンテクストは重視しながらも、(2)は個人を出発点にしながらそこに社会や文化との関係を考慮していくのに対して、(3)は民族や文化のなかでのリテラシーの実践であり、民族や文化、コミュニティを創造していくものとして、あるいはそれらに対する挑戦としてリテラシーをみていくのである。　　　　　　　　　　　　　　　　（桑原 2008: 12）

　米国におけるリテラシー研究のなかでは、1990年代後半においてすでに、個人の認知に影響を与える「静的」なものとしてコンテクストを捉える研究から、「動的」なものとしてンテクストを捉える研究へと、その焦点の移行が生じていた（Alvermann et al. 1998）。日本では、2000年代以降、OECD生徒の学習到達度調査（PISA）[7] や「新しい能力」（松下 2010）の議論などを通じて、そのリテラシー観の一端に触れてきた。しかしその一方で、リテラシー研究者たちがその前提としてきた「動的」なリテラシー観については、深く考慮されないままであったのではないか。自らの人生の主役となり、他者とともに自らの学習をつくっていく学習者という見方は、このような「動的」なリテラシー観と不可分の関係にあるはずだ。

　今、あらためて、歴史や社会、文化に埋め込まれたものでありながら、社会のなかで人びとが協同して構築していくものとしてのリテラシーを捉え直す必要がある。本章がそのような議論を始めるための、小さな1歩となることを期待する。

注

1　令和2（2020）年度版小学校用国語科教科書『新しい国語　五』（秋田ほか 2020）に掲載されていた「資料を見て考えたことを話そう」を参考に、架空のエピソードを作成した。ただしこの教材そのものは、ディベートを行うことを前提としたものではない。

2　論理課題は、川床（2007: 23）に紹介されている邦訳を用いた。

3　渡邉（2021）では、「エッセイ（米）」「ディセルタシオン（仏）」「小論文（日）」

の比較表がある（渡邉 2021: 19）。そこで「小論文（日）」は、「序論：主張を述べる」「本論：①主張の根拠（2つ）②「だがしかし……」（別の見方の挿入）」「結論：「それでもやはり……」と自己の主張の正しさを述べる」から成るものとされている。

4 訳は、渡邉（2021: 17）に従った。
5 眞埼（2021）は「批判的思考態度尺度」（平山・楠見 2004）を踏まえ、批判的思考態度の構成要素として「論理的思考の自覚」「探求心」「客観性」「証拠の重視」を想定している。「論理的思考の自覚」は、批判的思考態度の一部という位置づけである。
6 （1）〜（3）の訳は、原則として、桑原（2008）の訳にしたがった。
7 OECD 生徒の学習到達度調査（PISA）については、国立教育政策研究所の WEB ページ「OECD 生徒の学習到達度調査（PISA）」を参照。

参考文献

秋田喜代美ほか（2020）『新しい国語　五』東京書籍

Alvermann, Donna E., Hinchman, Kathleen A., Moore, David W., Phelps, Stephen F., and Waff, Diane R. (1998) Preface. In Alvermann, Donna E., Hinchman, Kathleen A., Moore, David W., Phelps, Stephen F., and Waff, Diane R. (eds.) *Reconceptualizing the Literacies in Adolescents' Lives*, pp.xvii–xxiii. New Jersey: Lawrence Erlbaum Associates.

コール，マイケル・スクリブナー，シルヴィア　若井邦夫訳（1982）『文化と思考：認知心理学的考察』サイエンス社（Cole, Michael, and Scribner, Sylvia. (1974) *Culture and Thought: A Psychological Introduction*. New York: John Wiley & Sons.）

平山るみ・楠見孝（2004）「批判的思考態度が結論導出プロセスに及ぼす影響―証拠評価と結論生成課題を用いての検討」『教育心理学研究』52（2）: 186–198．日本教育心理学会

一川誠・タラジロウ（2024）「時計の時間と心の時間」甲斐睦朗ほか編『国語　六　創造』pp.56–61．光村図書出版

石田喜美（2006）「社会構成主義的学習論に基づく「論理的文章を書くこと」―J. P. Gee のディスコース概念を手がかりとして」『人文科教育研究』（33）: 57–68．人文科教育学会

Kaplan, Robert B. (1966) Cultural Thought Patterns in Inter-cultural Education. *Language Learning* 16 (1-2): 1–20. Michigan: Language Learning Research Club at the University of Michigan.

川床靖子（2007）『学習のエスノグラフィー——タンザニア、ネパール、日本の仕事場と学校をフィールドワークする』春風社

媚山政良（2024）「雪は新しいエネルギー——未来へつなぐエネルギー社会」樺山敏郎ほか編『ひろがる言葉　小学国語　六上』pp.38–47．教育出版

桑原隆（2008）「リテラシー観の変容と意味の創造」桑原隆編『新しい時代のリテラシー教育』pp.8–16．東洋館出版社

Luria, Alexander K.（1971）Towards the Problem of the Historical Nature of Psychological Processes. *International Journal of Psychology* 6(4): 259–272. Paris: International Union of Psychological Science.

森下幸子（1998）「クラスの悩み相談室」大西道雄編『コミュニケーション作文の技術と指導』pp.271–284．明治図書

森田香織（2018）「読むことの指導①——説明的文章」塚田泰彦・甲斐雄一郎・長田友紀編『初等国語科教育』pp.123–135．ミネルヴァ書房

眞埼光司（2021）「批判的思考態度の形成を支える輪読実践のエスノグラフィ」『質的心理学研究』(20): 149–167．日本質的心理学会

松下佳代（2010）『〈新しい能力〉は教育を変えるか——学力・リテラシー・コンピテンシー』ミネルヴァ書房

西研・川村易（2024）「ぼくの世界、君の世界」樺山敏郎ほか編『ひろがる言葉　小学国語　六下』pp.50–57．教育出版

サトウタツヤ（2022）『臨床心理学小史』筑摩書房

竹林滋ほか編（2002）『研究社新英和大辞典』第6版．研究社

山田富秋（2018）「エスノメソドロジー」能智正博ほか編『質的心理学辞典』p.29．新曜社

渡邉雅子（2021）『「論理的思考」の社会的構築——フランスの思考表現スタイルと言葉の教育』岩波書店

渡邉雅子（2023）『「論理的思考」の文化的基盤——4つの思考表現スタイル』岩波書店

Willis, Arlette I.（1997）Focus on Research: Historical Considerations. *Language Arts* 74(5): 387–397. Washington, D.C.: National Council of Teachers of English.

WEBページ

江戸川乱歩「心理試験」『青空文庫』〈https://www.aozora.gr.jp/cards/001779/files/56646_58241.html〉2022.9.21

国立教育政策研究所「OECD生徒の学習到達度調査（PISA）」『国立教育政策研究所』〈https://www.nier.go.jp/kokusai/pisa/〉2022.9.21

第 II 部

集団で読むことによってもたらされるもの

第4章 集団で読むことはいかに成立するか

――絵本の「読み聞かせ」の成立

吉永安里

「お母(かあ)さん、ここはどこ？」
お母さんは、弟(おとうと)の赤(あか)ちゃんに、お乳(ちち)を飲(の)ませて、新聞(しんぶん)をごらんになっていましたが、義(よし)ちゃんが、そういったので、こちらをお向(む)きになって、絵本(えほん)をのぞきながら、
「さあ、どこでしょう。きれいな町(まち)ですね。義(よし)ちゃんも大(おお)きくなったら、こんなところへいってごらんなさい。」と、おっしゃいました。

(小川未明「僕(ぼく)は兄(にい)さんだ」)

1. はじめに―集団での読み聞かせの場面から

　集団での読み聞かせは幼稚園や保育所など、幼児教育の現場においてほぼ毎日見られる光景である。以下の事例1は、A幼稚園5歳児クラス(年長組10月)で『おおきなかぶ』(トルストイ 1966)の読み聞かせが行われた後の光景である。
　幼児教育では、日々、こうした集団での読み聞かせが行われている。そして、絵本の読み聞かせ後に保育者と子どもたちがお話への気づきや感想を交流し合う様子がしばしば見られる。以下のやりとりからも分かるように、幼児教育の読み聞かせ場面では、小学校の国語の授業のように教師から「おじいさんはこの時どんな様子だったでしょうか？」「感想は？」などと問われることは少ない。小学校以上の授業ではIRE (initiation-reply-evaluation) 連

鎖（Mehan 1979）と呼ばれる教師からの発話を起点とする教師 – 子ども – 教師のパターン化された応答が頻繁に観察されることが知られているが、幼児教育におけるやりとりでは、保育者が子どもの気づきを取り上げ、その子どもの気づきや疑問が起点となり、他の子どもに波及して発言がつながる、子ども – 保育者 – 他の子どもといった子ども起点の応答パターンや、子ども – 他の子ども – また別の子どもといった子ども起点による子どもたちの同時多発的な応答パターンが多く見られる（吉永 2023）。

事例 1　抜けたかぶはどうなるの？（A 幼稚園 5 歳児クラス 10 月）

A　　　：	（保育者のところに行き、自分の気づいたことを小さな声で囁く）
保育者：	（A に対し）みんなに教えてあげて。みんな、ねえ、A くんが大発見したよ。（絵本を A と一緒に開き）A くん。みんなに何を伝えたかった？
A　　　：	（表紙を指さして）運んでるの。
保育者：	あー、みんなで一緒に頑張ってうんとこしょーって抜いたかぶを運んでるの？　A くん、運んでるっていうのに気づいたの？
B　　　：	（表紙を指さしながら）おじいさん、おばあさん、まごって、抜いた順になってるの！
保育者：	あ、ほんとだ、大発見！　A くんが言ってくれたこのかぶ、運んでって何するんだろうね、おうちに持って帰って。
A　　　：	みそ汁！
保育者：	みそ汁かあ。いいねえ。おいしそうだねえ！
C　　　：	スープだよ。野菜スープだよ。
D　　　：	（前に出てかぶにかぶりつく仕草をしながら）全員でそのままがぶって。
保育者：	（笑いながら）あー、D くんは、そのまま、がぶって食べちゃうの。それもいい！　おいしそう。

> E　　：（保育者に近づいていき小さな声で）漬物。（言い終わると席に戻る）
> 保育者：あー、Eちゃんはね、漬物にするんじゃないって。こんなに大きかったらたくさんできるね。
> F・G　：（手を挙げて）はーい！　はーい！
> 保育者：はい、Fちゃん。
> F　　：葉っぱも刻んで、みそ汁にするんじゃない？
> 保育者：Fちゃんは、お母さんのことよく見てるんだねー。葉っぱも刻んでみそ汁にするんじゃない、って。
> F　　：ほんとはね、かぶって葉っぱも食べられるんだよ。
> 保育者：へえ！　知ってた？　みんな。葉っぱも食べられるんだって。じゃあ、先生、この『おおきなかぶ』の絵本、あの（本棚を指して）本棚に入れておくから、みんなも読んでみてね。

　この事例では、保育者が、『おおきなかぶ』の表紙に描かれた場面と、絵本内のお話につながりがあることに気づいたAくんの発言を取り上げ、かぶを抜いた後の場面の様子をみんなで想像し合っている。また保育者はその後の応答にはつなげてはいないが、Bちゃんも「おじいさん、おばあさん、まごって、抜いた順になってるの！」と自分の気づきを保育者に伝えようとしている。子どもたちは、それぞれに、自分なりの想像を働かせながら、物語の展開を読みとっているのである。

　そして、幼児期の子どもの読みの中にあらわれるこれらの想像には、それぞれの子どもの生活経験が強く反映される。事例1の場面には「野菜スープ」という言葉が登場するが、これは、この幼稚園で秋から冬にかけて頻繁に行われる焚火の際に作られる野菜スープのことであろうと推察される。また「漬物」「みそ汁」などといった、子どもたちの家庭での生活をうかがわせるような言葉も登場する。これらの読みは、国語科教育で求められるような読み──叙述に基づいた読み──とは言えないかもしれないが、幼児の生活経験に基づく想像と言えるだろう。他にも、場面の様子を捉えたり、その

後の物語の展開を想像したりする基礎的な読みの力の芽生えが、幼児期の集団での読み聞かせの光景の中に垣間見られるのである。

2. 「読み聞かせ」[1]とはどのような行為なのか

2.1 読み聞かせという行為

　こうした幼児教育における集団での読み聞かせはどのように成立するのか。そのことを考えるために、そもそも絵本の読み聞かせとはどのような行為なのかについて知る必要がある。

　図1は3歳の子どもたちが絵本を読み合っている様子である。1人の子どもがもう一方の子どもに絵本の読み聞かせをし、さらに隣で絵本を1人で読んでいる子どもがそのお話に関心を示して聞いているように見える。しかし、この図1の子どもたちは3人ともまだ文字を読むことはできない。子どもたち同士のやりとりをよく見てみると、お話を読んでいる子どもは文字ではなく絵を指さしながら、絵からお話を想像して語っているのである。絵本には、文字だけでなく絵も描かれているため、文字を習得していない子どもたちでも絵を見て内容を想像することができ、こうした「読み聞かせごっこ」とでもいうような遊びの様子が見られたのである。

図1　絵本で遊ぶ子どもたち（3歳児クラス7月）

この「読み聞かせごっこ」の様子から、大人に読み聞かせをしてもらった経験を通して、子どもたちが絵本とは「絵を見て、お話が語られる」ものであり、「絵を見ればお話の内容がわかる」ということを理解していると考えらえる。このような、さも読めるような行動をすることをプレリテラシーと呼び、本当に読み書きができるリテラシーの芽生えと考えられる。こうしたプレリテラシーがあらわれてくる背景には読み聞かせなど大人との豊かな言語経験や絵本がすぐ手にとれる言語環境があると考えられる。
　このように、文字を読めない子どもであっても、絵があるという特性ゆえに子どもたちが1人あるいは子ども同士で絵本を楽しむこともできる。しかし、お話の内容を理解する、ということになると文字の読めない子どもたちは文字を読める大人の力を借りざるを得ない。
　絵本の読み聞かせについて、赤羽（2017）は、「一般的に文字を読むことが難しい幼い子どもなどを対象として、絵本などを読んでやる場合に多く使用され」、親や親しい関係にある大人が自分の声で読んでやる、安心感をベースとした関係性を重視した行為であるとしている。学齢期に入ってからも子どもたちが自らテクストと向かい合い声に出して音読や朗読をする姿は頻繁に見られるが、学齢期の音読や朗読は子ども自らがテクストと向き合っている点においても、聞き手との関係性に重点が置かれるとは限らない点においても、こうした学齢期の音読や朗読とは異なるものである（赤羽 2017: 99–100）。

2.2　他者を媒介とする読み

　ここで赤羽（2017）が、絵本の読み聞かせを単に声に出して読むということではなく、養育者など親しい大人との関係性のなかに位置づけている点が重要である。事実、これまで発達心理学における読み聞かせ研究の中では、ヴィゴツキーの「社会・文化的アプローチ」やブルーナー（Jerome Seymour Bruner）や Tomasello らの共同注意（joint attention）[2] の考え方に基づいて、まだ言語を十分に習得していない子どもが絵本の読み聞かせにおいて養育者等親しい大人と相互作用することで言語や社会性などさまざまなことを習得

していることを明らかにしてきた。絵本の読み聞かせの経験を考える際、ヴィゴツキーの「社会・文化的アプローチ」に基づいて菅井（2012）が述べるように、「現実との諸関係は、はじめから社会的関係」（菅井 2012: 8）にあり「他者による媒介、大人による媒介を通して、子どもは活動にとりかかる」ということである。絵本の読み聞かせは、まさに、大人の媒介によって成立しうる活動と位置付けられるのである。ヴィゴツキー（2005）は、こうした媒介関係について、次のように述べる。

> 子どもの文化的発達におけるすべての機能は、2度、2つの局面に登場する。最初は、社会的局面であり、のちに精神的局面に、すなわち、最初は、精神間カテゴリーとしての人々の間に、のちに精神内的カテゴリーとして子どもの内部に登場する。　　（ヴィゴツキー 2005: 182）

つまり、読むという行為も乳幼児期においては、他者を媒介とする子どもと養育者との精神間に成立し、のちに子どもとテクストという子どもの精神内的活動になっていくということである。

ヴィゴツキーはこうした他者を媒介とする三者の関係を三項関係という概念で説明している。絵本の読み聞かせでいうなれば図2が示すように「子ども－養育者（文字の読める他者）－対象」という他者を媒介とする三項関

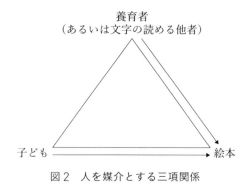

図2　人を媒介とする三項関係

係である。

　子どもは養育者と共に絵本に視覚的な共同注意を向けながら、養育者の語る言葉にも聴覚的な共同注意を向ける。そして、養育者も子どもの視線や発声、指さしなどの反応を察知し、それに応答しながら読み聞かせをしていくのである。こうした養育者を媒介とした絵本の読み聞かせを経験することによって、まだ文字を習得していない子どもたちが、絵本とはどのようなものか、どのように取り扱うのかを知り、さらに絵本の中にあるお話の世界を養育者と共に楽しむことができるようになるのである。

　このように考えると、読むことは、文字の読み書きを習得したものだけの特権ではなく、また子どもが単独で始める行為でもなく、赤羽や菅井が強調するように、親密な他者との社会的関係を基盤に、他者と共に行う、協働的な行為であると言える。

　一方で、ヴィゴツキー（2005）はまた、図3のような人工物である本を媒介とする三項関係も示している。

　菅井（2012）は、文字を読める子どもの場合、この枠組みで対象である世界を知ることができるが、これを乳幼児、つまり文字を習得していない子どもたちで考えた場合、この枠組みだけでは本を読むことができるようにならないのは明らかであるとしている（菅井 2012: 11–12）。人は生まれながらにして文化的人工物の取り扱いを知っているわけではない。しかし、絵本以外の文化的人工物、たとえば積み木について考えてみると、子どもたちは人の媒介なしに直接積み木と関わることで試行錯誤しながらその取扱いや積み木

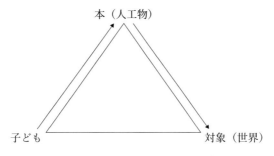

図3　人工物を媒介とする三項関係

を使って遊ぶことの楽しさを知っていくこともできる。もちろん他者がいればその面白さに広がりが生まれることもあるが、不可能ではない。このため、より小さな子どもでも図3のような人工物による媒介の三項関係も成立しうる。絵本の取り扱いも同様である。図1で示されたように文字が読めなくとも絵本を使って遊ぶことはできその扱い方を知ることはできる。しかし、文字は非常に高次の文化的人工物であるため、菅井（2012）の述べるように、他者、この場合は大人である養育者を媒介としなければお話の内容を理解する読みは成立し得ないのである。

　このように考えると、乳幼児期の子どもたちにとっての読む行為は、大人が通常イメージするような個人内に留まる個別化された読書とは異なり、その初期から、他者、特に文字を読むことのできる他者を必要とする行為といえる。そして安心できる他者との心地よく楽しい関わりを経験することの上に成立すると考えられる。

3.　保育における集団の読み聞かせ場面から

3.1　「集団で読むこと」はどのように始まるか

　では、「集団」で読むことについてはいかに成立するのであろうか。

　これまで述べてきたように、読むことの始まりが絵本の読み聞かせであるとするならば、読むという行為は個人的な行為として発生するものではないが、かといって学級などの大きな集団で行われる行為でもないといえる。絵本の読み聞かせは子どもにとって文字の読める親密な他者を必要とし、基本的には読み手は1人、聞き手も1人という1対1の関係をその起源とするものだからである。

　では、「集団で読むこと」がどのように始まり、そして成立していくのか、先にも事例を挙げた多くの読者にとってなじみ深い『おおきなかぶ』の絵本の読み聞かせの様子から考えてみたい。

3.2　保育者や友達との一体感とみんなで読むことの楽しさを感じる

　集団での読みは、多くの子どもは幼稚園、保育所、認定こども園など、就学前教育施設[3]での集団保育の場で経験することとなる。以下は、そうした就学前教育施設の1つ、B幼稚園の3歳児6月[4]の読み聞かせ場面である。

　B幼稚園でもA幼稚園同様、降園前の集まりで毎日読み聞かせが行われている。B幼稚園は、幼児教育の3つの要領・指針[5]にある幼児教育の原則に則り、子どもが環境の中から自分の好きな遊びを見つけ出し、その自発的な遊びを通して資質・能力を総合的に伸ばしていけるよう、保育者が子ども一人ひとりの興味関心と遊びに合わせて園内の環境構成を工夫し、援助を行っている。このため、子どもたちは登園してから降園まで、昼食前と昼食時、降園前の集まりの時間を除いては1人あるいは気の合う友達と少人数で好きな遊びをしている。そして、集まりの時間になると、保育者の言葉掛けで片付けを終えた子どもから三々五々保育室に集まってきて、椅子を並べ、みんな座ったところで会が始まるのである。事例2はその集まりの際に行われた集団での読み聞かせ場面である。今日の遊びについて子どもたちがどんなことをしたのかそれぞれ話し、最後には明日の予定を話して挨拶をして終える、その合間に、絵本の読み聞かせが行われた。子どもたちはそれまで円になって椅子に座って話していたが、読み聞かせになると絵本が見やすいように保育者の前の床に下りて座っていた。

事例2　みんなも手伝ってくれる？（B幼稚園3歳児クラス6月）

保育者：それでもかぶは抜けません。ねこはねずみを呼んできました。
H　　：ねずみ？　チューチューチュー！（後ろに座っているIに向かって）
保育者：ねずみがねこをひっぱって、ねこがいぬをひっぱって、いぬがまごをひっぱって、まごがおばあさんをひっぱって、おばあさんがおじいさんをひっぱって―みんなも手伝ってくれる？
保育者＆子ども全員：うんとこしょ、どっこいしょ。うんとこしょ、ど

っこいしょ！
保育者：もう一回言うね。
保育者＆子ども全員：うんとこしょ、どっこいしょー！
保育者：やっと、かぶは、ぬけました。はい、（絵本を閉じながら）おーしーまい。

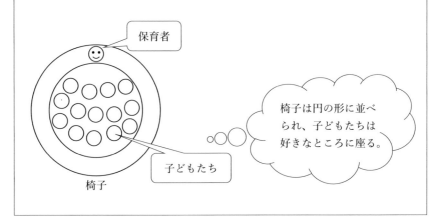

　こうした集まりの時間について倉橋（1953）は、他の時間とは異なり保育者の意図を強く示す時間であり、集団としてのまとまりを意識づけ、生活のけじめをつける時間として位置づけている。また、秋田（2016）は今日の遊びを振り返り、明日の遊びへの期待を生み出したり、一体感を醸し出したりし、「生活を生活で生活へ」[6]とつないでいく時間としている。つまり集まりの時間は、振り返りと明日への期待感という見通しをもった自覚的な学びを促し、仲間との一体感をもちながら、生活の中で育まれた資質・能力を他者と協働しながら次の生活へ生かせるようにするための時間なのである。そして、読み聞かせはこのような教育的意図をもつ集まりの時間の一環として位置づけられている。このことに鑑みると、幼児教育の集団での読み聞かせは、国語科教育における「読むこと」の学習の主な目的となっている読みの力の伸長とは異なる目的も含むことが分かる。
　幼児教育における集団での読み聞かせの意義として、横山・水野（2008：50）は「第１に、保育者と子どもたちの安定した信頼関係の上に積み重ねら

れる共有体験（一体感）であること」、「第２に、絵本と子どもの生活が連続した読み聞かせであること」を挙げているが、こうした読み聞かせの意義が、一体感や生活の連続性を重視する集まりの時間の意義と一致するのは偶然ではない。また、この２つの意義を先の２つの事例と重ねて解釈してみたい。

　まず、事例１の抜いたかぶをどうするかという保育者と子どもたちのやりとりは、保育者が絵本と子どもの生活との連続性を大切にしていることが推察される。これは幼稚園教育要領の「第２章ねらい及び内容　３内容の取扱い　（３）絵本や物語などで、その内容と自分の経験とを結び付けたり、想像を巡らせたりするなど、楽しみを十分に味わうことによって、次第に豊かなイメージを持ち、言葉に対する感覚が養われるようにすること。」というカリキュラムに裏付けられた意図的な指導でもある。

　また、事例２の「みんなも手伝ってくれる？」「もう一回言うね。」という保育者の言葉かけは保育者と子どもたちが一体感を味わい、その中で保育者と子どもの信頼関係を築いていこうとする意図がうかがえる。こちらも、幼稚園教育要領には「第２章ねらい及び内容　１ねらい　（３）日常生活に必要な言葉が分かるようになるとともに、絵本や物語などに親しみ、言葉に対する感覚を豊かにし、先生や友達と心を通わせる。」とあり、読み聞かせを通して言語感覚を豊かにするだけでなく、保育者と子ども、子ども同士の人間関係を形成することが強調されている。

　このように事例１も事例２も幼稚園教育要領のねらい等に則した指導であるが、幼児期の場合には小学校以上の学習指導要領のように年齢ごとにねらいや内容が示されているわけではない。子どもの発達や経験、個人差に応じて指導の方法を変えていくが、事例１は５歳児１０月の小学校入学も近づいてきている子どもたちであること、事例２は３歳児６月のまだ入園して間もない子どもたちであることから、こうした保育者の読み聞かせの意図や方法の違いが生じたと解釈できる。

　さらに、事例２のように保育者と子どもたちとの安定した信頼関係や一体感を大切にする読み方は、集団での読み聞かせが行われる前の、養育者と

子どもとの親密な関係の中で行われる読み聞かせとの連続性も感じさせる。入園後、日々繰り返される集団での読み聞かせの中で、安心できる他者が養育者である親から保育者、そして友達に広がっていくのである。事例2ではHくんが後ろに座っていたIくんに「ねずみ？　チューチューチュー！」とねずみの真似をしてお話を楽しむ様子が見られた。園での遊びや集団での読み聞かせを繰り返す中で、安心できる他者が入園後拡大していき、安心できる保育者や友達と一緒に遊びを楽しむように読むことを楽しむ経験を積み重ねていくことが、子どもたちの「集団で読む」ことへの動機づけとなると考えられる。

3.3　4歳児の姿から─他者の読みを意識しながら

　事例1・2より、3歳から5歳の間にも読み聞かせ時の子どもの様子が変容してくること、育ちに合わせて保育者の読み聞かせの意図や方法も変わっていくことが示唆される。年齢ごとの集団での読み聞かせの特徴について會澤・片山・髙橋（2019: 221）は、以下のようにまとめている。

> 　3歳児クラスの発達としては、集団でありながら、保育者と幼児の個別の関係性が優位な中で読み聞かせの体験が進む、タテの関係が中心となる場であると推察される。続く、4歳児の時点では、徐々に幼児間の相互作用が広がり、他児の面白い発話を繰り返したり、隣の幼児と話し合ったり、2人で笑い合ったり等、他児を意識した姿が見られるようになる。友達と一緒に楽しむ共有化が進む。これは保育者とのタテの関係に加え、幼児間のヨコの関係が活性化し、体験の充実が図られたことを意味する。さらに、5歳児になると、友達と話す姿は見られても、不用意に思ったことを口にする姿は減少する。絵本のストーリー展開を楽しみながら、集団での読み聞かせのマナーを心得た態度を示しつつ、個別の言動の表出を調整する姿が見られるようになる。他児の発話を聞いて、それに対する自らの発話を返す発展型のやりとりが可能となり、発話数の増加も見られる発達過程に至る。このような絵本の読み聞かせを

通じた発達過程は、「幼児期の終わりまでに育ってほしい姿」である「言葉による伝え合い」を実現する過程の姿そのものであることが見出された。
（會澤・片山・髙橋 2019: 221）

本章の事例2でも、3歳児への読み聞かせはまさに、こうした保育者と幼児のタテの関係性が重視されており、事例1の5歳児の子どもたちはストーリー展開を理解しながら、想像を広げたことをみんなの前で発表する中で、他児とは異なることを言おうとする発展型のやりとりが見られた。

では、4歳の子どもたちはどのような様子なのであろうか。事例1・2と同様『おおきなかぶ』でどのような姿が見られるか考えてみたい。

事例3　みんなで言ってるの？（C幼稚園4歳児クラス 10月）

> 保育者：おじいさんは、おばあさんをよんできました。おばあさんがおじいさんをひっぱっておじいさんがかぶをひっぱって―（間）―
> 保育者＆子ども数名：うんとこしょ、どっこいしょ―（間）うんとこしょ、どっこいしょ。（教師と子どもが共に掛け声をかけながら体を左右に揺らしてかぶを引っ張るような身振りをする）
> 保育者：それでも、かぶはぬけません。
> J　　：（周りを見て）みんなで、みんなで言ってるの？
> 保育者：言ってもいいよ。

『おおきなかぶ』の読み聞かせでは、お話のもっている特性から子どもたちが保育者の「うんとこしょ、どっこいしょ」に合わせて唱和する様子がどの年齢でも見られる。

事例3は、おばあさんが出てきた場面で2回目の「うんとこしょ、どっこいしょ」に合わせて数名の子どもが保育者の読み聞かせや動作に合わせて、唱和したり、体を左右に揺らしたりしはじめたところである。すると、それまで絵本をじっと見ていたJちゃんが周りを見て、「みんなで、みんな

で言ってるの？」と尋ねたのである。そして保育者がJちゃんに「言ってもいいよ。」と応答したことで、その次の「うんとこしょ、どっこいしょ」から、すべての子どもたちが唱和と動作化を行なうようになった。佐藤・西山（2007: 47）は、家庭での読み聞かせのような1対1での読みではなく、集団での読みをどのように集団として受容し、感動を集団として共有していくかについて、「子どもたち同士は相互に反応し、それが刺激になり、1つの集団としての読みの反応を生んでいる。そしてその場に身を置いていることで絵本を聞いた楽しさを倍増させている。『おおきなかぶ』で、「うんとこしょ、どっこいしょ」の発声を、1人の女児が隣の子どもに「今度はもっと大きな声で言おうね」と楽しそうに誘いかけていたことはその1例である。」としている。佐藤・西山（同上: 47）にもあるように、集団としてお話の楽しさが共有され一体感を得、他の子どもに誘いかけたり、事例3のように他の子どもの反応を見てその読み方を自分の中に取り込んだりするような読み方は、集団での読みならではの読みと言える。

　そうした4歳児の他者の反応を意識した読みを経て、さらに5歳児の他者の読みを踏まえた発展型のやりとりができるようになっていくのである。

3.4　就学前の姿から―文脈依存から文脈独立の言葉へ

　では、この集団での絵本の読み聞かせがどのように小学校国語科で求められるような「国語を適切に表現し正確に理解する能力」（文部科学省2017a）につながっていくのであろうか。

　幼児教育で育まれる言葉は「経験したことや考えたことなどを自分なりの言葉で表現し、相手の話す言葉を聞こうとする意欲や態度を育て、言葉に対する感覚や言葉で表現する力」（文部科学省2017b）である。国語における「適切で正確な言葉」と幼児教育における「自分なりの言葉」について、岡本（1985: 52）の言葉を借りれば、幼児期の「自分なりの言葉」は「一次的ことば」、学童期以降の「適切で正確な言葉」は「二次的ことば」といえる。「一次的ことば」は、具体的現実的場面において親しい特定者と文脈に依存しながら相互交渉する話し言葉である。また、「二次的ことば」は文脈

を離れ、不特定多数に対し、一方向的に伝達する話し言葉とそれに書き言葉が加わったものである。「一次的ことば」であれば、具体的な状況を共有しているため、不完全な文法でも十分な語彙がなくとも自分なりの言葉や指さし等の多様な表現で会話が成立する。しかし、「二次的ことば」の場合、文脈を共有しない不特定多数に理解できるように適切で正確な共通の国語を使用する必要がある。清水・内田（2004: 59-60）は、幼稚園の教師が「相手に伝わるように話す」「相手の意見をきちんと聞く」ことを子ども自身に考えさせながら、丁寧に指導していること、そして、このような指導を通して、子どもたちは、特定の相手に向けつつも、より「伝わりやすい」「客観的な」「一次的ことば」を用いることを習得していくことで「二次的ことば」の習得につなげていることを示唆している。

　事例4は、そうした幼児期の「自分なりの言葉」である「一次的ことば」から、学童期以降の「適切で正確な言葉」である「二次的ことば」に移行していく5歳児クラス1月の様子である。ここで読まれているのは『はるちゃん　もうすぐいちねんせい』（秋山2016）という、毎月園を通して子どもたちが購入している月刊絵本の中の読み物である。この日届いた月刊絵本を保育者が配布し、みんなで読み合っている。事例4は、これまで事例1〜3で考えてきたような読み聞かせではなく、保育者が代表して絵本を読んでいるが、子どもたちは小学校の国語の教科書のように各自が絵本を持ち、それぞれのテクストを読んでいる。このため、子どもたちは絵本そのものではなく絵本に書かれた「テクスト」を指さしながら観念上の共同注意[7]を向けて読み合っている。時折互いにどこを読んでいるか見失い共同注意が向けられなくなることもあるが、指さしによって再度注意を向け合い、共同注意を保持しながら読み合いを続けていく。また、子どもたちは状況を共有していないと理解できない「ここ」という指示語を多用しているが、絵本であれば容易に理解できるものの、自分の指す「ここ」を説明しようと必死な様子が伝わってくる。Lくんは指さしながら「1番はじっこ、ここだよって！」と説明を付け加えているが、他の子どもたちは「ここ、こっち！」「ここだよ！」と指示語以上の描写ができていない。そこで保育者は「たっちゃんとお母さ

んが手を繋いでいるね。」と、場面の様子を言葉で描写したり、「見つかってない人、友達に聞いてもいいよ。自分で探すっていう頑張る人は自分で探していいよ。」などと、近くにいる子どもたち同士で絵本を見せ合って協働して読めるような言葉かけをしたりしている。

事例4　ここってどこ？（D幼稚園5歳児クラス1月）

> 保育者：駅に着きました。たくさんの人がいる、大きな通りを渡ります。さあ、ハルちゃんとたっちゃんとお母さんとおばあちゃん、どこにいるのかな（保育者の月刊絵本を指さしながら）？
> 子ども数名：（それぞれ自分の月刊絵本を見ながら）どこだ？
> K　　　：（指さしながら）ここ。
> 保育者：え、どこ？
> L　　　：（指さしながら）1番はじっこ、ここだよって！
> 保育者：ここ？　でもお洋服の色がさっきとちょっと違うじゃん。
> M　　　：（指さしながら）ここ、こっち！
> 保育者：え、これは（指さしながら）おばあちゃんだよ、これ。
> N　　　：（指さしながら）ここだよ！
> 保育者：あ、本当だ、いたいた。え、見つかんない人？　まだ…
> 子ども数名：はーい！
> 保育者：よく見て。信号の近くだって。
> O　　　：あ、あった。
> 保育者：たっちゃんとお母さんが手を繋いでいるね。まだ見つからない人、言ってね。
> P　　　：見つかった。
> 保育者：見つかってない人、友達に聞いてもいいよ。自分で探すっていう頑張る人は自分で探していいよ。色んな人がいますね、携帯見てたり、高校生がいたり。じゃあ、次のページいってみます。

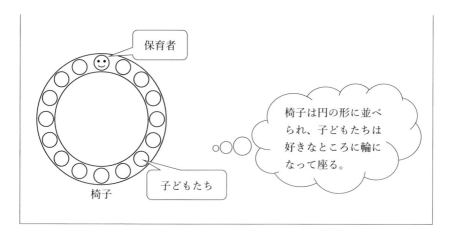

 このようにして、幼児教育から小学校教育にかけての「架け橋」期[8]には、子どもたちが文脈依存の読み方から文脈独立の読み方を、集団で読むことを通して学んでいく様子がうかがえる。

4. おわりに—関係性に支えられる集団での読み

 ここまで、養育者に1対1で絵本を読み聞かせをしてもらうところからどのように集団で読むようになっていくのか、集団で読むことの成立とその発達について絵本の読み聞かせに焦点を当てて概観してきた。

 ごく初期の読み聞かせは個に閉じた読みではないものの、1対1の親密な他者との関係の中で行われる閉鎖性の高い読みである。それが、幼稚園や保育所など集団生活の中での、日々行われる少人数での遊びや集まりの時間のクラス全体での読み聞かせを経験することで、お話の世界と一緒に読む集団とに一体感を覚えながら読みの力の芽生えが育まれていくのである。しかし、その読みは集団の読みであっても他の子どもや保育者との親密で安心できる関係性に支えられている。そして、そのような親密な他者とは、共有し共感できる文脈があるからこそ、「一次的ことば」のように指示語を多用したり、十全ではない語彙や文法が用いられたりしても、互いの読みが通じ、理解し合えるのである。

このように乳幼児期には、親密な他者との関係に閉じた読み聞かせから次第に親密な他者との関係性に支えられた集団に開かれた読み聞かせになっていく。そして親密な他者との1対1や少人数の閉じた読み聞かせと集団に開かれた読み聞かせを行ったり来たりしながら、読むことに動機づけられ、読みの力が育まれていくのである。当然、小学校以上の集団での読みの学習も、乳幼児期のこうした親密な他者との関係性の中で育まれた読みの力に支えられている。小学校に入学したからと言ってこうした関係性から独立した読みが成立するわけではなく、小学校以上の集団の読みもまた、学級内での教師や子どもとの関係性に依拠しているのである。親密で安心できる関係性があってこそ、互いの読みを伸び伸びと伝え合うことができ、共有できる文脈や共感できる関係性があるからこそ、他者の読みを豊かに想像し理解することができることを知っておきたい。

注

1　読み聞かせという表現は大人主体で子どもに読んで聞かせるという印象を与えることがあるため、近年、読み合いという表現も出てきているが、本章では、社会・文化的アプローチに基づく子どもと養育者との相互行為として読み聞かせを捉え、読み聞かせという言葉に統一する。

2　「共同注意（joint attention）」とは、Tomasello（1999）によれば「子供と大人が第3の事柄に共同で参画し、互いの注意を向け、その注意がある一定時間続く社会的相互作用」（筆者訳、Tomasello 1999: 97）である。読み聞かせは、絵本という一つの対象を、読み聞かせする人と聞く人が共有しながら展開するため、共同注意（Tomasello 1999）の果たす役割が大きいと考えられている。

3　日本の就学前教育施設は文部科学省管轄の3歳から入園できる幼稚園と、こども家庭庁管轄の0歳から入所・入園できる保育所及び幼保連携型認定こども園等がある。

4　幼稚園では3歳児4月から入園する子どもが大部分のため、6月は入園してやっとクラスに慣れてきた頃である。なお、本章で取り上げる園の事例は、すべて吉永（2023）から引用したものである。

5　幼児教育の原則及び内容と方法は、幼稚園は幼稚園教育要領、保育所は保育所保育指針、幼保連携型認定こども園は幼保連携型認定こども園教育・保育要領の

3つの要領・指針に示されている。小学校以上とは異なり私立園が多いため、要領・指針は園の方針や実態を活かせるよう大綱化されており、小学校以上の学習指導要領のように指導内容が学年や年齢ごとに細かくは示されていないが、施設形態の違いによって受けられる教育内容や方法に大きな差が出ないように、教育内容を示す5領域（健康・人間関係・環境・言葉・表現）とそのねらいと内容、内容の取扱いの記述は3つの要領・指針とも揃えられている。また、5領域は小学校の教科・領域と異なり、遊びの中で総合的に指導することが求められている。

6 　「生活を生活で生活へ」は倉橋惣三の保育思想の中心である。上垣内(2010: 9)によれば「幼児の自然な生活、さながらの生活を大切にして、家庭との境目のない自然な形で幼稚園生活をスタートさせ（生活を）、保育者が配慮し用意した設備のもので、自由感をもって十分に生活を生活として味わうことで充実感を得（生活で）、さらに生活興味が刹那的ではなく、系統的なものとなっていくことにより生活自体の発展と深まりが得られ、子ども自身が自分の成長を実感していくような生活へと導かれていく（生活へ）」ことであるとしている。

7 　観念上の共同注意とは、吉永(2023)によれば絵本の読み聞かせのような、物理的に共有できる絵本に大人と子どもが向ける共同注意ではなく、小学校以上の教科書を使用する学習のように、教科書に書かれたテクストを観念的に共有する1つのテクストと措定し、教師と子ども、また子ども同士が注意を向け合うことをいう。

8 　中央教育審議会(2023)によれば、「架け橋期」とは5歳児の4月から小学1年生の3月までの2年間を指す幼児教育から小学校教育をつなぐ要の時期である。

参考文献

會澤のはら・片山美香・髙橋敏之(2019)「幼児を対象とした集団における絵本の読み聞かせに関する研究動向」岡山大学教師教育開発センター紀要(9): 215–228. 岡山大学教師教育開発センター

赤羽尚美(2017)『学びあう絵本と育ちあう共同行為としての読み聞かせ』風間書房

秋田喜代美(2016)「〈連載2〉園のくらしを育む15：帰りの会の振り返りとけじめ」『幼児の教育』110(6): 60–63. 日本幼稚園協会

秋山とも子(2016)『はるちゃん　もうすぐいちねんせい』福音館書店

上垣内伸子(2010)「「さながらの生活」から始めることが幼児教育の原点」『幼児の教育』(109) 4: 9–11. 日本幼稚園協会

倉橋惣三(1953)『幼稚園真諦』フレーベル館

Mehan, H.（1979）*Learning lessons: Social organization in the classroom*. Cambridge: Harvard University Press.
文部科学省（2017a）『小学校学習指導要領』東洋館出版社
文部科学省（2017b）『幼稚園教育要領』フレーベル館
岡本夏木（1985）『ことばと発達』岩波書店
佐藤公治・西山希（2007）「絵本の集団読み聞かせにおける楽しさの共有過程の微視発生的分析」『北海道大学大学院教育学研究紀要』(100)：29–49．北海道大学大学院教育学研究科
清水由紀・内田伸子（2004）「一次的ことばから二次的ことばへの移行」お茶の水女子大学子ども発達教育研究センター紀要(2)：51–60．お茶の水女子大学子ども発達教育研究センター
菅井洋子（2012）『乳幼児期の絵本場面における共同活動に関する発達研究―共同注意の指さしからの探究』風間書房
Tomasello, Michael.（1999）*The Cultural Origins of Human Cognition*. Cambridge, MA: Harvard University Press.
トルストイ，アレクセイ再話　内田莉莎子訳　佐藤忠良画（1966）『おおきなかぶ（〈こどものとも〉傑作集 26）』福音館書店
ヴィゴツキー，レフ S.　柴田義松監訳（2005）『文化的―歴史的精神発達の理論』学文社
横山真貴子・水野千具沙（2008）「保育における集団に対する絵本の読み聞かせの意義―5 歳児クラスの読み聞かせ場面の観察から」『教育実践総合センター研究紀要』(17)：41–51．
吉永安里（2023）『幼児教育と小学校教育における言葉の指導の接続―読むことの指導の差異と連続性から』風間書房

WEB ページ
中央教育審議会初等中等教育分科会 幼児教育と小学校教育の架け橋特別委員会（2023）「学びや生活の基盤をつくる幼児教育と小学校教育の接続について〜幼保小の協働による架け橋期の教育の充実〜」〈http://efaidnbmnnnibpcajpcglclefindmkaj/https://www.mext.go.jp/content/20230308-mxt_youji-000028085_2.pdf〉2024.01.09
小川未明「僕は兄さんだ」『青空文庫』〈https://www.aozora.gr.jp/cards/001475/files/52112_47799.html〉2024.01.07

第 5 章　個‐集団の読みを変革する
―――文学の授業におけるクィアな読みの実践

吉沢夏音

　人の世を作ったものは神でもなければ鬼でもない。やはり向う三軒両隣りにちらちらするただの人である。ただの人が作った人の世が住みにくいからとて、越す国はあるまい。あれば人でなしの国へ行くばかりだ。人でなしの国は人の世よりもなお住みにくかろう。
　越す事のならぬ世が住みにくければ、住みにくい所をどれほどか、寛容て、束の間の命を、束の間でも住みよくせねばならぬ。　　　　　　（夏目漱石『草枕』）

1.　はじめに―1人で読める読み手と映画『怪物』

　言葉の意味がある程度分かり、文脈から推測、想像し、自分なりに考察することができる。そのような読み手は、たとえ1人でも、「読めた」という実感をもって文章を読むことができ、文章に対する自分の解釈をもつことができるだろう。実際、そのように1人で情報を読み取ったり、読書を楽しんだりしている読み手は多くいるはずだ。日常生活で、読むということからイメージされる場面の多くは、1人のシチュエーションなのではないだろうか。
　一方、学校教育の場で、読むということの授業としてイメージされるのはどのような場面か。たとえば、黒板の前の教師が板書を交えながら教材について講義し、生徒たちがノートに板書を写しながら聞く。教師から教材に関する発問がなされ、指名された生徒が答え、他の生徒はそれを聞く。教材の

内容や教師からの発問について、グループに分かれて話し合う…。もちろん、読書教育の場面など、1人で読む場面がないわけではないが、イメージされる場面の多くは、集団での活動場面なのではないだろうか。

　当然、集団で読む授業に参加している生徒の中にも、日常生活で1人の読書を楽しめるような読み手はいるだろう。学齢が上がれば、そのような読み手も増えていく。いわゆる進学校の高校生などにおいては、その割合も大きいと考えられる。教室で扱われるテクストすべてが、彼らにとって1人では読めないほど難しい、ということはないだろう。

　彼らは、1人でも読めている。では、1人で読めているその読みだけで、読むことは十分に成し遂げられていると言って良いのだろうか。本章で検討したいのは、そのような問いである。1人で読んでいる、その読みだけでは、到達できない部分があるのではないか。

　この問いについて考えるための例として、1つの映画作品を挙げたい。2023年、第76回カンヌ国際映画祭にて二冠を果たし、話題となった映画『怪物』。「『怪物』探しの果てに、私たちは何を見るのか──」というコピーにあるように、作品を観る私たちは、「かいぶつだーれだ」と繰り返されるフレーズに導かれ、登場人物それぞれの視点から出来事を捉え、時に捉え直しながら、誰が、何が「怪物」なのか、その答えを探す。そして、その果てのラストシーン──。上映が終わり、観客が席を立つ中、「最後ってさ──」「──かなと思った」と話す声が聞こえてくる。「怪物」とは何なのか、ラストシーンは何を意味しているのか。レビューサイトやSNS、ブログなどには、観賞した人びとの感想が投稿された。公開当時、「先入観なしに観た方がいい」と言われることの多かった作品[1]であることから、具体的な言及は避けるが、それらの感想は決して、1通りではなかった。例を挙げるなら、「ハッピーエンドだった」とコメントする人がいれば、「バッドエンドだ」とコメントする人もいたし、「希望を感じた」という人がいれば、「無責任だと思った」という人もいたのである[2]。これらの食い違う感想は、読みとしてどれか1つが正しく、その他が誤読である、というわけではない。読みとしてはそれぞれ成立している、そのうえで、異なる解釈が生まれてい

るのである。作中人物のそれぞれの視点から見えているものが違うように、この作品を観る我々も、それぞれの視点で見たその解釈は必ずしも一致しない。嵐の中でガラスの上の泥水を払ってもすぐにまた泥水で覆われてしまうように、見ようとしても、見えたと思っても、私たちには常に、見えていないものがある。

　映画作品の例を挙げたが、テクストを解釈するという点で、文章を読むことにも通ずるはずである。私たち1人1人の読みには、見えていないものがある。このことは、1人で読める読み手が、それでも集団で読むということの意味を、集団で読むからこそ見えてくるものがあるということを、示唆しているのではないか。

2. テクストの外側から読みが受ける影響

　実際に学校で行われている国語科の授業において、生徒はどのようにテクストを読んでいるのか。まず紹介するのは、高校1年生を対象に、「国語総合」の科目で、川上弘美「神様」を教材として行われた吉沢・清水（2019）の実践である。「神様」は、語り手「わたし」が同じアパートに越してきた「くま」と散歩に行く様子を描いた1人称小説である。「神様」はこれまで数社の高校国語科教科書に採録されてきており、令和5年度には、2社の高校「文学国語」教科書に採録されている。テクストは「わたし」の1人称で語られるうえ、「わたし」の情報は乏しく、性別すら明示されない（清水2015: 158）。この授業では、通読後、テクストに明示されない語り手の性別をどのように考えていたか、という発問がなされた。これに対し、次のように考えた生徒がいたことが確認されている（吉沢・清水2019: 6）。

（1）明示されていないときは主人公を自分と重ねる（ため、語り手は男である）。
（2）明示されていないときは主人公を男とする（ため、語り手は男である）。

この授業の生徒全体としては、語り手を男性と読んだ者が約6割、女性と読んだ者が約4割といった結果であった（吉沢・清水 2019: 6）。テクスト内に性別を特定する情報がない以上、語り手の性別を男女どちらかに確定させることはできず、どちらの読みも誤読とは言えないだろう。このような生徒たちは、テクストに明示されない要素に対し、既に「明示されない場合はこのように読む」という読みの方略を持ちあわせており、女性と読んだ者も男性と読んだ者も、少なくともこのテクストの語り手の性別について、「1人で読める」読み手であると言える。

　「神様」を教材として同様の活動を行っている実践には、女性と読んだ者が多かったと報告されているものも存在する（鎌田 2011: 69）。同じく高校生を対象としたこの実践は、以下のようにまとめられている。

> 「わたし」の他の人間関係がどうなっているかはここでは不明だが、「わたし」が程良い年ごろの魅力的な女性であると想像するとこの話からは「くま」の淡い恋愛感情の流露を随所に読むことが出来る。時として「くま」は羞恥に満ちた少年のようであり、またある時は保護者のようにまた王妃を守る騎士（ナイト）のように紳士的に振る舞っている。それを受けとめる人として、最終的には「わたし」を女性として読んだ方が何とも深みのある話に感じるという声が多かった。
>
> （鎌田 2011: 70）

　「くま」の行動を「淡い恋愛感情の流露」と解釈し、そこから「わたし」が女性であろうという解釈が生まれる流れは、雄＝男性の「くま」が恋愛感情をもつ相手は女性であるはずだ、という前提から導き出されていると言えよう。

　生徒の読みには、テクストの文脈だけでなく、読み手の個性や経験、社会・文化的な文脈と呼ばれるような要素が関与している（松本 2006: 68）。たとえ1人で読める読み手、テクストであっても、その読みは、テクストに含まれる要素だけで成り立っているのではなく、テクストの外にある、個人的・社会的な文脈に大きな影響を受けているのである。このような文脈に

は、読み手の生きる社会の構造から生まれる社会規範からの影響も含まれているだろう。

　木村ほか（2023: 23）は、読み手が社会規範からの影響を受け、読みに反映することで、規範から逸脱するような読みが抑圧・不可視化されてしまい、教室の中の読みの営みが社会規範を再生産してしまう可能性を指摘している。社会の中でマジョリティの存在が常に可視であり、マイノリティは不可視の存在になりがちであるように、社会の文脈の中ですでに価値付けられている文化や価値観は教室の読みの中でも表出しやすく、そうでないものは教室の中でも表出されづらいのである。鎌田（2011）の実践は、異性愛を前提として「わたし」を女性とする読みの方が「深みのある」ものであると評価され、クラスに 5、6 名いたとされる「わたし」を「『くま』と同年輩の男性」とイメージしたもの（鎌田 2011: 69）よりも価値の高いものと結論づけるようにまとめられている。すなわちここでは、テクストの外にある異性愛という規範に則った読みが評価され、その規範に則らない読みが抑圧されてしまっているのである。

　どのような規範からどのような影響を受けているのか、1 人でそのことに気づくのは難しい。すでにそれらが内面化されていて、読み手の感覚の中では自明のことと捉えられている場合が多いからである。集団で読む環境であっても、その集団自体が規範を内面化していれば同様である。そればかりか、そのような読みが集団の中で承認されることによって、その読みの根拠となった規範はより強化されていく。規範が強化された集団では、規範に則らない読みはさらに抑圧・不可視化されていく、といった悪循環が生まれてしまうのである。

　表出する読みが偏り、存在しうる読みが不可視化されてしまうことは、本来あるはずの読みの多様性が失われてしまうことにつながる。1 人で読むだけでは見えないものに目を向けるには、自身の読みとは異なる、多様な読みに触れ、自身の読みを相対化して考える機会が必要であろう。表出される読みの偏りは、生徒が出会うべきそのような機会をも奪ってしまっているのではないか。

3. クィア・スタディーズの視座

　教室で不可視化されてしまう読みを可視化するためには、社会の規範に則らない読みを含む多様な読みが形成され、表出するような仕掛けが必要であろう。そのような読みに声を与えるための方策として、本章では、マイノリティの連帯を目指し、異性愛規範や性別二元論といった規範や二項対立を問い直してきた研究の潮流である、クィア・スタディーズに注目したい。後述するようにクィア・スタディーズは、これまで不可視化されてきたマイノリティの声に着目しながら、それによって、これまで前提視されてきた社会規範を捉え直そうとするものである。そのため、クィア・スタディーズの知見からは、生徒たちが他者の読みと出会いながら、自身の読みを相対化するような実践を構想するための多くの示唆を得ることができる。

　「クィア（queer）」という語は元来、英語圏における男性同性愛者を指す蔑称であったが、当事者たちがあえて自分たちの呼称として引き受け、肯定的な意味で用いるようになったものである。この経緯から、「与えられた否定的なことばの、構造内での価値転倒をはかるというポスト構造主義的な政治性をもつ語」とされる（木村ほか 2023: 24）。クィア・スタディーズやその他の諸学問における「クィア」の概念は、規範が押しつけてくるカテゴリー化や二元論を瓦解させようとする指向性をもつ。具体的には、異性愛／同性愛、男／女といった二元論的な思考や二項対立そのものを問題視するのである（河口 2003: iii–vi）。森山（2017: 126–128）は、このような「クィア」の語を冠するクィア・スタディーズについて、「性に関する何らかの現象」を、「差異に基づく連帯の志向」「否定的な価値づけの積極的な引き受けによる価値転倒」「アイデンティティの両義性や流動性に対する着目」の3つの視座に基づいて分析・考察する学問であると説明する。このようにクィア・スタディーズでは、差異に注目しつつも、その規範的な価値付けを疑問視し、安易なカテゴライズではなく両義的・流動的にアイデンティティを捉えることが目指される。このようなクィア・スタディーズの視座の導入によって、読みに影響を与えている社会規範を批判的に考えることができるので

はないか。

　クィア・スタディーズの基本概念とされるものの1つに、「ヘテロノーマティヴィティ（heteronormativity; 異性愛規範）」がある。これは、「トランスジェンダーでない人びとによって営まれる『普通』の異性愛をこの社会において正しいものとし、その他の性のあり方は間違っていると考える思想」のことを指して用いられる語であり、「唯一の正しい性（愛）」と「その他の間違ったさまざまな性（愛）」を序列化する社会構造を問題化するものとされる（森山 2017: 132-148）。鎌田（2011）の報告に見られた、男性が恋愛感情をもつ相手は女性であるはずだ、女性である方がよい、という考え方は、ヘテロノーマティヴィティが根底にあると考えられ、クィアの視座から批判的に見直すことができるのである。

　このようにクィアの視座を導入することによって、マジョリティ的な読みを生んでいる社会規範を浮かび上がらせ、それらと相対的な距離をとり、これまで不可視化されてきた読みに声を与えることができるのではないか。

4. 読みに持ち込まれる規範の可視化

　では、実際にどのような読みが生まれ、どのように可視化されるのか。クィアの視座を国語科「読むこと」の授業に導入した実践の詳細を見ていきたい。

　2節で紹介した授業では、テクストに明記されない「語りの空白」として、川上弘美「神様」における語り手「わたし」の性別に焦点を当て、読みを可視化する活動が行われている。活動では、グループでの議論や、4コマに表現された絵によって、生徒たちは個々の読みに基づく多様な「わたし」像――たとえばジェンダー、年齢、感情表現の仕方などにおいて――を表出し、多様な読みが可視化された（吉沢・清水 2019: 5-9）。

　グループでの議論において、生徒たちは「わたし」の性別を考える「根拠」を挙げていく。たとえば、以下の事例に見られるような「根拠」だ（吉沢・清水 2019: 7-8）。

事例1　11/22/Cクラス

S9	：最初男だと思って読んでたら女？ってなって、はあ？ってなった。あなた、ってふつう男の人が言わなくね？　あなたって奥さん、くま、雄なんでしょ？（間）恥ずかしそうにっていうのも照れてるんでしょ？（間）あと、タオルで汗ぬぐったり？袖で拭く人結構いるじゃん。（間）あとくま詳しくない、さすがにツキノワグマくらい分かるでしょ。
S10	：――（聞き取り不可）って女の人が言わなくね？
S9	：それで男だと思ったの？　そういう文章書くんだから、おかしいのかなって思ったりする。（間）思った！　作者、女だ！作者確かに女だからね。（間）でもひろみだから。女か分かんないけど。

＊書籍での読みやすさを考慮し、スペースを補足した。

事例2　11/22/Aクラス

S11	：男で読んでたけど女要素が多い。
S12	：オッサンだと思った。
S11	：優しそうな男の人。
S13	：女の人だよ、日記に書いてるとしたらこんな文章だよ。
S12	：梅干しのおにぎり食べる？
S13	：オッサンがあらしお分かる？（間）暑くない？ってキモくない？　暑くね？じゃね？（間）女子は拭くっていうけど男は拭う。（間）男性二人……の絵面しんどくない？

事例3　11/22/Cクラス

```
S14  ：わたし、が女のイメージ強すぎて。みんな男だと思ったんだ。
     男と2人で出かけるとかさ。私くまと喋ったことないから分
     かんないけど、男だったら気遣わなくない？
S15  ：あーそっかあ。
S14  ：男で帽子かぶってる人いる？
S16  ：いるよ。
S14  ：小学生とかシニアしかイメージない。
```

　これらの事例に見られるような会話では、使用語彙やクマについての知識、口調や食べるもの、身につけるものにまつわるジェンダー・イメージをもとに、議論が行われている。「神様」のテクストにおいては、語り手「わたし」の情報が希薄であるため、読みの形成に、個人の経験や、社会・文化的文脈に基づくジェンダー・イメージがより大きく影響していることが考えられる。「語りの空白」について議論することにより、単にテクストに対する読みだけでなく、そこに持ち込まれたジェンダー・イメージまでもが可視化されているのである（吉沢・清水 2019: 8）。

　さらに、同じ場面を根拠として異なる解釈が生まれていることや、議論がひとつの答えにたどり着くことなく混迷していく様子は、個々のジェンダー・イメージがどれも個人の偏見に過ぎず、性別を断定する確たる根拠にはならないものであることを物語っている。留学生を対象とした結城（2015）の実践でも同様に、語り手「わたし」の性別をめぐる議論が混迷する様子が見られ、自分たちの提示する根拠が完全な証拠にならないことが確認されていた（結城 2015: 31）。

　自身の読みにどのような経験や価値観が反映されているのかは、1人で読むだけでは自ら気づくことが難しい。集団の中で、他者の読みと共に可視化され、相対化されてこそ、自身がどのような規範を読みに持ち込んでいるのかに気付くことができるのである。

このような、個人の価値観に基づく意見は、表明する場によってはただの偏見で無価値な意見として扱われてしまったり、過度な批判を受けて対立関係を生んでしまったりするものかもしれない。しかし、これらの事例や、結城（2015: 31）の実践で、終了後の様子について「学生は文学作品の解釈の難しさと面白さ、自由さと制限を実感しているようであった」と述べられていることから分かるように、「わたし」の性別を読む、すなわちテクストの解釈という共通の目的をもった集団の中であれば、意見を率直に述べあったり、他の意見に納得したり、またそれらを批判的に見たりすることを、みんなでテクストを解釈することを目指す議論として、協働して行うことができるのである。

　事例3の下線部で見られた、「男で帽子かぶってる人いる？」という反語的な発言に他の学習者が「いるよ」と反発するような会話は、現実の社会に帽子をかぶる男がいるか否か、いるとすればどのような男か、といった、社会における男性的な表象について話題としたものである。個々が抱くジェンダー・イメージの可視化によって、それらが相対化され、議論もテクストの内容を離れて、読みに持ち込まれた社会規範やジェンダー・イメージそのものの確からしさにまつわる議論になっているのである。また、このような議論は、生徒が読みに持ち込んでいる社会規範が一律ではないために起こっているものとも言える。ジェンダーにまつわる社会規範は一枚岩ではなく、「唯一の正しい規範」は存在しない、ということが浮かび上がるのである。このような読みの可視化、相対化によって、社会規範に基づく捉え方の価値を転倒させ、規範に則らない読みにも声を与える契機が生まれるのではないだろうか。

5. 協働で捉える両義的・流動的なアイデンティティ

　次に、両義的・流動的なアイデンティティをその要素に含みこんだテクストを教材とした授業を紹介したい。吉沢・清水（2019）の実践と同一校・同一クラスの高校1年生を対象に、「国語総合」において「読むこと」の一環

として行われた、吉田修一「Water」を教材とした授業である（吉沢 2024）。

　吉田修一「Water」は、高校の水泳部を舞台とし、4人の部員がそれぞれの悩みや思いを抱えながら最後の大会へ向けて活動する様子を描いた中編小説である。語りは3人称であるが、主人公「凌雲」に近い視点から語られている。この実践で焦点があてられるのは、登場人物の1人である「圭一郎」のアイデンティティ、特にセクシュアリティ・性的指向[3]の部分である。物語序盤の凌雲と圭一郎の会話の中で、圭一郎に「藤森さん」という「彼女」がいることが示される。おそらく多くの読者は、この時点では、圭一郎という登場人物を、異性愛的指向をもつ人物であるとみなすだろう。ただし、この会話では、圭一郎が藤森さんへの性的接触については消極的な態度であることも同時に示される。規範的な異性愛男性のセクシュアリティとは異なる様相を見せる圭一郎の姿も示されているのである。異性愛者に見えるような描写と、規範的な異性愛者の姿とは異なる描写の双方が作中に示されることから、圭一郎の両義的なアイデンティティが浮かび上がる。さらに物語の中盤では、凌雲や圭一郎と同じ水泳部員である「浩介」が、酒に酔って寝ていた時に圭一郎からキスをされ、圭一郎のことを「ホモ」[4]だと思い始めたと凌雲に語る場面がある。また、圭一郎が凌雲に自身の父と母の不仲を打ち明ける場面では、圭一郎のジャン・コクトー『白書』[5]への共感が示される。『白書』やジャン・コクトーについて知る読者であれば、ここから、圭一郎が同性愛的指向をもっている可能性を読み取るだろう。ラストシーンでは、藤森さんにちょっかいを出した、と凌雲を糾弾する圭一郎の姿が描写される。それぞれの場面で、圭一郎のセクシュアリティを推測させるような描写がありつつも、場面によって異性愛的にも同性愛的にも考えられる点、また規範的なあり方でありつつ、規範とは異なる様子が見られる点で、圭一郎のアイデンティティは矛盾をはらんだものであり、流動的であると言えよう。圭一郎のアイデンティティがどのようなものであるかは本人のみ知りうるところであるが、そもそも流動的で、圭一郎自身にすら、一意には定められないものなのではないか。永田（2020: 200）では、圭一郎は男性同性愛者であると述べられているが、このように矛盾をはらんだ、流動的な

アイデンティティを、一意に固定して読むことは妥当とは言えないのではないだろうか。むしろ、少なくとも規範的な異性愛者としてのあり方からは距離をおこうとしている、そのことに悩んでいる人物として描かれていると捉えることで、固定化されてしまいがちなアイデンティティ観を瓦解させるような、クィアの視座を導入した読みが可能になるのではないか。

テクストにおいては、圭一郎のアイデンティティにまつわる悩みや『白書』のもつ意味は語り手の視点からは捉えられず、語りは圭一郎を異性愛者であると断定したまま、物語は結末を迎える。このため、語り手の視点のみにしたがった読みでは、圭一郎が同性愛的指向をもっている可能性のある部分については見逃されてしまう。このテクストでは、圭一郎の両義的・流動的なセクシュアリティが、語りから不可視化された状態である、隠されているということが、示されているのである[6]。

このようなテクストを教材として、吉沢（2024: 181）では、カテゴリー化を瓦解させるような読みの実践、「クィアに読む実践」が行われている。

生徒たちはまず、凌雲に近い視点で語られたテクストを、圭一郎の視点でリライトし、さらに『白書』の内容を確認してリライトし直す活動を通して、テクストの語りから圭一郎の両義的・流動的なセクシュアリティが隠されていることに気づく。そこで浮かび上がるのはあくまで可能性であり、圭一郎のアイデンティティを断定するものではない。実際にその可能性を前にした生徒たちからは、以下の事例に見られるような驚きや懐疑の声が上がり、圭一郎のアイデンティティが両義的・流動的なものとして捉え直されている様子が見られた。

事例4　12/20/Aクラス

S17	：圭一郎はホモじゃないって信じてたんだけど、完全ホモになっちゃったよね。
S18	：そうだよ。
S17	：俺ずっ、でもホモっぽいこともしてたしいろいろしてたけど

	さ、ホモじゃないって信じてた。ホモではないと信じてたよ俺は。ホモだった。
S19	：あいつホモでしょ。
S20	：あれホモなの？
S21	：そもそもこっち側（『白書』）が理解できない。
S17	：間違ってはないでしょ、間違ってはない。
S22	：間違ってはないんじゃないの。

＊書籍での読みやすさを考慮し、句点を補足した。

事例5　12/20/Aクラス

S23	：お父さんも圭一郎も、あの、―――（聞き取り不可）なのかな、分かんない、これ、だけど、凌雲とは違う立場ってことでしょう？
S24	：え、ホモの部分引っ張りだしてくんの？　最後のまとめのところじゃなくて？
S25	：わかんなーい。
S26	：わかんないわかんない。

　これらの反応には、一部、ホモフォビック（同性愛嫌悪的）なものもあり、生徒たちが、圭一郎のセクシュアリティにおける新たな可能性について、衝撃や困惑をもって受け止めようとしていることが分かる。『白書』の内容を確認することで、それまで語り手の視点にしたがって異性愛者として読んでいた圭一郎の存在が、理解不能な他者として改めて立ち上がったのである。
　このうえで、登場人物の内心である「心の声」を演じる役を配し、1場面を劇化する「分身劇」（ラドクリフ 2017: 51）の活動が行われた。心の声はテキストには語られていないため、そこには個々の読みが反映され、生徒は理解不能な他者の立場に身を置いていくことになる。実践では、ワークシート

に台本を作り、グループごとに劇を発表していった。

　劇ではさまざまな心の声が表出し、圭一郎のアイデンティティについての多様な読みが可視化されることとなった。その中で、圭一郎の心の声として、台本にはない発言が発表時に見られたグループが1班確認されている。発言の内容は、「このクソホモ」というホモフォビックな発言に「死ねえ」と反発、対抗するようなものであった（吉沢 2024: 187）。これは台本にない発言であるため、劇中の他の演者とのやり取りの中で即興的に、圭一郎の立場に寄り添った発言が生まれたものと考えられる。このことは、理解不能な他者になっていた圭一郎の立場に「なってみる」ことによって、圭一郎が単なる他者でなくなった結果とも言えよう。渡辺・藤原（2020: 18）は、台本通りに演じるような、理解したことを表現するだけの形式ではなく、即興的に表現することによってさらなる理解が生まれ、それがまた表現となり、新たな理解を生む、といった循環を「表現と理解の相互循環」と呼び、演劇的手法ならではの「なってみる」学びとして有意義なものとしている。吉沢（2024）の実践で行われた活動は、当初は台本の通りに演じるものであったが、その場で生まれた即興的な発言は、圭一郎に「なってみる」ことによって、偶発的に「表現と理解の相互循環」の始まりが起こったものと言えるのではないか。また、このような学びは、圭一郎のような、理解不能な他者に対する理解の糸口ともなりうるのではないだろうか。

　このような、台本にはない即興的な表現は、その場で実際にやり取りをする相手がいるからこそ可能になる。個人で読むだけでは、圭一郎のアイデンティティの両義性・流動性にたとえ気付けたとしても、1人でその立場に「なってみる」ことは難しいだろう。『白書』の内容を確認したときの生徒たちのように、「こいつ『ホモ』なんだ」「わかんない」という状態のままでは、理解不能な他者は理解できない存在のままで、自身との境界が強くなっていってしまう。現に、実際には発されたセリフが台本となるワークシートに書かれていないということは、個の読者だけではその表現には到達しなかったものであったということである。

　この実践では、『白書』の内容を確認する段階から、ホモフォビックな言

動が見られていた。結果として、その後の劇の発表でも、ホモフォビックな発言が多く見られた。このような授業全体の雰囲気から、最後の発表時に、そのような発言に対抗するような即興的な発言が生まれたとも考えられる。すなわち、授業全体を通した、生徒たちの、一連の読みの表出が、最終的な「なってみる」活動を作り、ホモフォビアに対抗する表現を作り上げたとも言えるのではないか。このような表現の表出は、教室の中に作られた、同性愛を間違ったあり方とみなす価値観を批判的に捉え直し、その価値を転倒させる契機となるだろう。

一方、ホモフォビックな発言が多く見られたことは、新たな表現を形成する重要な要素であったと同時に、課題でもある。当然、当事者の生徒が教室にいる可能性は大いにあり、そのような生徒がホモフォビックな言動に触れて傷ついてしまうことは容認されることではない。だからといって、単にそのような発言を禁止するだけでは、今回表出されたような、ホモフォビアに対抗するような表現は生まれなくなってしまう。多様な読みが可視化されるためには、生徒が自身の読みを安心して表出できる安全な場として、教室や授業が機能しなければならないだろう。そのための場づくり・集団づくりは、1回の教科の授業内だけに留まらない、日常の営み全体を通して、目指される必要があるのではないか。

6. おわりに——個と集団の相互往還的な読みの変容

本章では、クィアの視座を導入した実践を2例紹介した。4節で挙げた「神様」を教材とした実践(吉沢・清水 2019)では、語り手の性別に対する個の読みが可視化されることで、個の読みにそれぞれが内面化している規範が影響していること、それらが一枚岩ではないことが可視化されていった。表出した個の読みが生徒間で共有され、その異なりが、教室の集団全体にとって可視のものとなったのである。このとき、生徒たちにとって、その教室の集団としての読みはそれまでと変容したものに見えるだろう。5節で挙げた「Water」を教材とした実践(吉沢 2024)では、登場人物のセクシュアリティ

に関する描写や、『白書』の内容をもとに、個の読みが変容し、それによって集団としてのホモフォビックな読みが立ち上がった。さらにこのような集団の読みに対し、劇化の活動の中で、対抗する表現が表出した。この表出によって、集団の読みの見え方がまた変容し、個の生徒はホモフォビアに対して新たに考えをめぐらせるかもしれない。

　生徒同士の議論や劇など、集団の活動の中で、個々が1人で読んだ読みが表出し、集団の読みとなる。それらと相対化され、個の読みが変容する。変容した読みが表出されることで、集団の読みが変容する。それらによってまた、個の読みが変容し、表出していく。ここまで紹介した事例は、このような個の読みと集団の読みの可視化と相対化によって相互往還的に読みが変容していく事例であった（図1）。

　異なる経験・価値観をもつ者同士が、互いの価値観を可視化、相対化させながらテクストを吟味し、その意味を立ち上げ、価値を検討していく。このような相互往還のプロセスによって見出されるのは、テクストの新たな意味

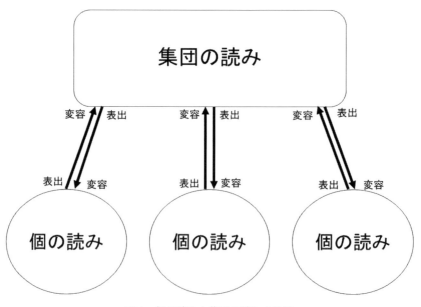

図1　個の読みと集団の読みの往還

を創造する可能性だけではない。

　中村（2001: 52）によれば、「ディスコース（ことばを使った相互行為）」は、知識や社会構造を構築する「社会的実践」としての側面を持っている[7]。さらに、このような行為は、社会の権力構造と結び付いて互いが互いに影響を与える相互関係にある（中村 2001: 90）。社会の権力構造に従ったディスコースはその権力構造を再生産し、逆に権力構造に従わないディスコースによってそれを変化させることもできるのである（中村 2001: 94–95）。すなわち、議論や劇化をはじめとした相互行為による読みの交流によって、規範に則らない読みが可視化され、集団の読みが変化していくというプロセスは、社会の権力構造を反映した規範を変化させていくことにもつながっていると言える。テクストを集団で読むことで形成される読みは、相互往還的に可視化・相対化されることで、読み手たちが生きる社会をも、変革していくのである。

　価値観の異なるさまざまな他者が共に生きる社会を、誰にとってもよりよいものとして、いかに作り上げていくべきか。その答えは、簡単に見つかるものではないだろう。また、1人で見つけられるものでもないだろう。しかし、本章で見てきたような、個と集団の往還的な関わりによって、その手がかりを見出していけるのではないだろうか。今ある規範を問い直しながら、個と集団の読みを変革する往還的なプロセスは、これからの社会を担っていく生徒たちの読みの学びに不可欠なものであろう。

注
1　カンヌ凱旋記者会見にて、監督の是枝裕和も「観た方の感想で、なるべく先入観なく見た方がいいっていうのは間違いないと思うんですね」と述べている。ギャガ株式会社（2023c）を参照。ただしこの発言については、マイノリティの実存よりもマジョリティの気づきを優先する発言ではないかとの指摘がなされている（坪井 2023）。
2　公開当時、広報における登場人物の情報開示のされ方、またストーリーのギミックについて、マイノリティの存在をコンテンツとして消費しているという批判

3 　恋愛・性愛の対象がどのような性に向かうかを示す概念。異性へ向かう場合は異性愛、同性へ向かう場合は同性愛、などと表す。
4 　「ホモ」は「ホモセクシュアル（homosexual; 同性愛者）」の略語で、主に男性同性愛者を指して使われる。差別的な意味合いを伴って用いられてきたことから、現在は蔑称とされ、男性同性愛者を指す語としては「ゲイ」が用いられている。
5 　自伝の形を取った作品であり、訳者の後書きには、コクトーが表立って同性愛を扱った唯一の作品であるが、公式に自作と認めたことは一度もなかったことが示されている。
6 　テクストを用いた詳しい分析は、吉沢（2024）で行われている。
7 　中村（2001: 51–52）は、言語学において「文」より大きな単位を研究する必要性に基づいて提案された概念である「ディスコース」について、研究の発展に伴って各分野でさまざまに捉えられるようになったこの語の特徴を、「文より大きな単位の相互行為」と「社会的実践」の2つに分類している。

参考文献

河口和也（2003）『クイア・スタディーズ（思考のフロンティア）』岩波書店
木村季美子・上田楓・明尾香澄（2023）「アーノルド・ローベル「おてがみ」の「名づけ得ない関係性」を読む―教材可能性を開くクィアの思弁的なプロセス」『国語科教育』(94): 23–30. 全国大学国語教育学会
鎌田均（2011）「「自分とは何か」を問い続ける〈言葉の力〉―川上弘美『神様』を例にして」『日本文学』(60): 63–72. 日本文学協会
川上弘美（2001）「神様」『神様』pp.9–18. 中央公論新社
コクトー，ジャン　山上昌子訳（1994）『白書』求龍堂（Cocteau, Jean. (1969) Le livre blanc. London: Peter Owen Publishers.）
清水良典（2015）「くまと「わたし」の分際―川上弘美『神様』」『群像』(70): 152–170. 講談社
永田麻詠（2020）「性の多様性を包摂する国語教育と批判的リテラシーの検討―クィア・ペダゴジーを手がかりに」『関係性の教育学』(19): 193–203. 関係性の教育学会
中村桃子（2001）『ことばとジェンダー』勁草書房
松本修（2006）『文学の読みと交流のナラトロジー』東洋館出版社
森山至貴（2017）『LGBTを読みとく―クィア・スタディーズ入門』筑摩書房

結城佐織（2015）「読解における議論と論文の影響について—川上弘美『神様』を参考に」『語学教育研究論叢』（32）：23–43．大東文化大学語学教育研究所
吉沢夏音・清水理佐（2019）「クィアの視点から読む文学教材での教育実践—川上弘美『神様』における「語りの空白」を利用して」『教育デザイン研究』（10）：2–11．横浜国立大学大学院教育学研究科
吉沢夏音（2024）「演劇的手法による「クィアに読む実践」の試み—吉田修一『Water』におけるアイデンティティを捉え直す」『教育デザイン研究』（15）：180–189．横浜国立大学大学院教育学研究科
吉田修一（2002）「Water」『最後の息子』pp.165–245．文藝春秋
ラドクリフ，ブライアン　佐々木英子訳（2017）『ドラマ教育ガイドブック—アクティブな学びのためのアイデアと方法』新曜社
渡辺貴裕・藤原由香里（2020）『なってみる学び—演劇的手法で変わる授業と学校』時事通信社

WEB ページ

ギャガ株式会社（2023a）「ABOUT THE MOVIE」『映画『怪物』公式サイト』ギャガ株式会社〈https://gaga.ne.jp/kaibutsu-movie/about/〉2024.1.15
ギャガ株式会社（2023b）「NEWS」『映画『怪物』公式サイト』ギャガ株式会社〈https://gaga.ne.jp/kaibutsu-movie/news/〉2024.1.15
ギャガ株式会社（2023c）「カンヌ凱旋記者会見全文」『映画『怪物』公式サイト』ギャガ株式会社〈https://gaga.ne.jp/kaibutsu-movie/news/ #n20230621_press2〉2024.3.17
児玉美月（2024）「映画『怪物』クィアめぐる批判と是枝裕和監督の応答　3時間半の対話」『朝日新聞デジタル』朝日新聞社〈https://digital.asahi.com/articles/ASS323PGSS2WULLI00F.html〉2024.3.17
坪井里緒（2023）「映画『怪物』を巡って—『普遍的な物語』を欲するみんなたちへ」『BOOKS（TORE）AS A SAFER-SPACE』本屋 LIGHTHOUSE（ライトハウス）幕張支店〈https://lighthouse226.substack.com/p/94f〉2024.3.17
夏目漱石「草枕」『青空文庫』〈https://www.aozora.gr.jp/cards/000148/files/776_14941.html〉2024.1.15

第 6 章 読むことと書くことの集合的な学び
——コミュニティをつくる・参加する

岡部大介

> 現代の知識人はアマチュアたるべきである。アマチュアというのは、社会の中で思考し憂慮する人間のことである。（エドワード・サイード『知識人とは何か』）

1. はじめに—読むことと書くことの実践コミュニティ

1.1 読むことと書くことの実践の場

　同じ本を読む人びとが集まり、それを一緒に読んだり、自身の読みを他者と共有したりする活動は、学校内のみならず、生活の中に遍在している。「読むこと」と「書くこと」を実践するさまざまな場所を見出し、知識伝達だけではない、双方向かつ協働的に読む行為を実現するためのプログラムも広がっている。

　「文学フリマ」のような販売・配布の場や、読書会の「ビブリオバトル」に代表される本や読書を楽しむ人びとが出会うきっかけを創出する場は、読書科学や文化社会学のフィールドワークの対象としても着目されてきた。たとえば石田（2015）は、高校生を中心とした若者が集まる「読書体験をシェアして他者とつながる場所」をフィールドとして分析している。水戸芸術館において開催されたこのプログラムは、現代的な読書コミュニティへの参加を促すことを目的とする。現代的な読書コミュニティとは、「読書体験を他者と共有することでつながり合おうとする人びとが参加する実践コミュニティ」のことを指す。

読むこと、そして書くことの実践コミュニティ（community of practice）(Wenger 1998) は、対面のものだけに限らない。たとえば團（2021）が分析のフィールドとする「小説家になろう」に代表される小説投稿サイトでは、趣味を同じくする匿名的なユーザーどうしで作品を読み合い、「感想欄」にコメントし合う。作品に対する感想を通して、読者もまた作品それ自体にかかわりたいという欲望を持つことが観察可能になる。Korobkova（2014）もまた、オリジナル小説を公開し、他の作家や読者とつながるための WEB サイトの Wattpad をフィールドワークの対象とする。たとえば、イギリスのボーイズ・バンド「ワン・ダイレクション（One Direction）」を対象とした創作を Wattpad 上で公開する事例が分析されている。そこでは「批判されたり、ヘイトコメントを投稿されたりするのではないか」という恐怖よりも、他の人の作品を読むことで新しいアイデアを見出したり、他の作家の物語の創作方法から学んだりして、インスピレーションを得ることの利点が大きいことがわかる。

　これらの実践コミュニティでは、型通りの読み方や書き方をリテラシーとして獲得することが目指されているわけではない。むしろ、市井の人びと、もしくはアマチュア[1]どうしで、その都度読み方や書き方を生成することが試みられている。本章では、読むことと書くことを通じて人と出会う場、または人を通じて協同的に読むことと書くことに出会う場を、集合的な学習のデザイン実践としてとらえる。読むことと書くことの集合的な学習において重要なことは、本や作品を知識やリテラシーの産物としてとらえ、その知識を修得することだけにあるわけではない。人びとが集まり、節度ある自由のもとで読むことと書くことの技術を教え合い、それらを歓びとして分かち合うことにもある。一人ひとりでは脆弱かもしれない個々人が、読むことと書くことの実践コミュニティに何らかの形で参加することで、知識や技術を教え合う学習の場に自身を晒していく。学校内外いずれの場であれ、読むことと書くことに係る実践コミュニティへのアクセス可能性もまた、その学習に大きく影響する。

1.2　ファンダムから見る読むことと書くことの実践

　本や作品の消費者でありつつ、その体験を他者と共有することで共愉的なつながり合いを実現する実践コミュニティは、今日的な「ファンダム（fandom）」とも重なる。ファンダムとは、熱狂する人（fanatic）や愛好家（fancier）を省略したファンと、領域（dom）からなる、愛好する人びとの集団を指すことばである。ファンによる共同体や、ファンによって形成された文化のことを指す場合にファンダムということばが用いられることが多い。たとえば『シャーロック・ホームズ（Sherlock Holmes）』や『ハリー・ポッター（Harry Potter）』の作品を愛好するファンダム、韓国の音楽グループ「BTS」のファンダム（「ARMY」と呼ばれる）、『NARUTO』のアニメに字幕をつけるファンダム、映画『アバター』に登場する架空の「ナヴィ語」の辞典[2]をひたすら作成するファンダムなど、多岐にわたる。

　いずれのファンダムも、参加者めいめいが自分なりに行動して、その貢献の成果が無償で交換される共愉的な活動からなる。このファンダムという存在を、新たな主体性を発揮する可能性を秘めた「アソシエーション」[3]とみなし、それを積極的に理解しようとする動きもある（宇野・若林 2023）。本章では、読むことと書くことの集合的な学びの実践コミュニティをファンダムを取り巻く議論になぞらえて論考する。次節ではまず、読み手とは作品を入手し、一元的に読むだけの存在ではないことを示す。読み手とは、他者とともに知恵や情報を提供しあって愉しみ、時に作品に触発されて二次創作をするような集合的な存在でもある。

　ところで、集合的に読み、書く実践コミュニティとは、インターネットの普及以前から脈々と続くものである。16世紀末から18世紀半ば頃までのシェイクスピア（William Shakespeare）を愛好する女性たちの活動を詳細に記述する北村（2018）によれば、彼女らはシェイクスピアの芝居を見て、戯曲刊本を読み、他の愛好家とともに批評しあっていた。2.1と2.2では、シェイクスピアの正典化に貢献したファンの愉しみについて紹介する。

　ファンダムへの参加を通して、一人ひとりの愛好者は、自身が持っている読むことと書くことの技術や情報を教え合い、創造的に交換してきた。レヴ

ィ（2015: 39）に倣えば、他者が自分にとっての知識の源泉であるとき、私もまた、その社会的立場がどうであろうと、学校制度が言い渡した所見がどんなものであろうと、他者たちにとって修習の1つの機会である。フォーマルな場であれ、インフォーマルな場であれ、このような学びの場がどのように研究の俎上に載せられきたかを、主に Jenkins（1992）およびジェンキンス（2020, 2021）の議論を参照しながら 2.2 と 2.3 にまとめる。

　そのうえで、集合的に読むことと書くことの実践コミュニティのフィールドワークから得られた事例を紹介する。一人ひとりでは脆弱かもしれない読書／執筆体験を学びの場に晒し合うことで、他の参加者の愉しみにつながるかもしれない利他的な学習へとその実践コミュニティがデザインされていくことを示す。

2. 参加型文化と集合的知性

　読書体験を共有して他者とつながる場所は、現実空間だけではなく、オンラインへと広がりつつある。そのメディアもまた、紙の書籍のみならず、パーソナルコンピュータやスマートフォンと多様で、書くことと読むことの教え合いの機会は遍在している。

　ただし、複数人で一緒に同じ本を読んだり、自身の読みを他者と共有したりする活動は、現代になってはじめてあらわれたものではない。たとえばジェンキンス（2021）は、自身が SF（サイエンス・フィクション）のファン・コンベンション（ファン大会）[4] に参加していた 1980 年代を述懐し、インターネットが個々の家庭に普及する以前から、草の根的に書くことと読むことの相互行為に参加していたことを示す。1990 年代前半までは、日本でも、同人誌やそのコピー、または新刊のお知らせなどが記載された「情報ペーパー」などを、個人が手作業で梱包し郵送しあっていた。その支払いには定額小為替が用いられることが多く、当時の中学生や高校生もまた、郵便制度を駆使して実践コミュニティに参加していた。

2.1　シェイクスピアのファンにみる愉しみの実践

　作品を読むことを通して意見交換をしたり、ファン・フィクションを制作しあったりする実践コミュニティとして、19世紀後半からみられる「シャーロック・ホームズ」連作のファンダム（「シャーロッキアン」、「ホームジアン」とも呼ばれる）が注目されている。アーサー・コナン・ドイル（Arthur Conan Doyle）の生み出したシャーロック・ホームズは、類まれなる観察力と事実を基にした説得力のある推理を展開する、ロンドンのベイカー街221Bに住む人間味あふれる諮問探偵である。シャーロック・ホームズ連作を愛好する最も古くから活動しているファンダムは、1934年に設立された（原作にも登場する浮浪少年たちの集まりの名称に由来する）「ベイカー・ストリート・イレギュラーズ」であり、ホームズについての研究や本の執筆などの功績があれば、招待制で会員になることができる（水倉 2023: 115）。

　それよりはるか前の16世紀末から、シェイクスピアの芝居を見て、戯曲刊本を読み、互いに批評し合って愉しむ、多くの無名の女性の存在を北村（2018）は描いている。北村（2018）は、16世紀末から18世紀半ば頃までに女性が所蔵していたと考えられるシェイクスピア刊本から、シェイクスピアに係る独自の解釈を愉しむいくつものファン・コミュニティが存在し、意見をぶつけ合う様子を描き起こす。その主眼は、「あまり有名とは言えない女性たちの知的活動の痕跡」を通して、「愉しみを追い求める人々が作品の普及と保存に果たしている役割」がいかに大きいかを示すことにある（北村 2018: 88）。シェイクスピアを読むことを愛好する市井の人びとが自由に批評し合い、能動的に共有していく状況は、今日の読むことと書くことの実践コミュニティの参加者どうしのコミュニケーションとも接続する。

　「本を読んで自分の名前を書き込んだり、芝居を見に出かけたりするだけで、批評や作品は残さなかったがシェイクスピアを愉しんでいた、多くの女性たちの姿があった」（北村 2018: 225–226）。このことはたとえば、1730年代から刊行されるようになり、入手しやすい価格となった「小型の安い戯曲刊本」に残された小さな痕跡をたどることで見えてくる。さらに興味深いことに、1769年9月には、シェイクスピアの生地・ストラトフォード＝ア

ポン＝エイヴォン（ロンドンから馬車で2日ほどかかる地）において、「シェイクスピア・ジュビリー祭」というファンの一大イベントが開催されていた（北村 2018: 202–204）。「ジュビリー」とは25年や50年などの節目に祝う行事のことで、たとえば英国女王のエリザベス2世の在位50年記念（2002年）などは「ゴールデン・ジュビリー」と称された。

　今日、アニメや漫画のファンが集うファン・コンベンションに目を向けると、たとえば日本の「コミックマーケット」には最大で75万人が集まり、ロサンゼルスで開催されるアニメエキスポには40万人近くが60カ国以上から会する。アニメエキスポではファンサブ[5]やAMV（Anime Music Video）[6]のコンテストやコスプレ[7]をして寸劇を披露し合うマスカレード[8]などが開催される。北村（2018）によれば、シェイクスピア・ジュビリー祭には2日目の9月7日だけで1000人から1500人ほどのファンが集まって仮装やダンスなどのお祭り騒ぎをしたと考えられており、現代のファン・コンベンションの先駆的事例とみなすことができる。シェイクスピアと同時代から確認される市井の人びとによる読むことと書くこと（そして作ること）の実践コミュニティやファン・イベントは、ともすれば孤立する読み手、書き手が、能動性を持った主体として集う場となってきた。

2.2　シェイクスピアにみる解釈共同体

　なかなか他の愛好家と容易にはつながれない時代に、遠いところにいる個人と作品を通してつながっていく。その事例の1つとして北村（2018）が紹介している、1729年生まれのゴシック小説家クララ・リーヴ（Clara Reeve）が残したシェイクスピア劇の刊本への書き込みに係る記述からは、有名無名の多くの人びとによる集合的な実践を読み取ることができる。名の知れたシェイクスピアの批評家や女性作家だけではなく、これまでほとんど着目されることのなかった女性たちもまた、今なお読み続けられるシェイクスピア刊本に大きく影響を与えている。

　　…リーヴにとってこの刊本は、家族の絆を思い起こさせてくれる私的な

宝であると同時に、先行する研究を通して、家庭外の無数の読者からなる大きな世界にもつながっているものだった。シェイクスピアの学術研究を知り、シェイクスピアが解釈共同体の中でどのように評価されているのかを理解することで、この家宝の価値にさらに磨きがかかるのだ。18世紀にはシェイクスピアの本格的な学術研究が始まり、何巻にもわたる全集から短い雑誌のレビューまで、さまざまな批評的著作が読者の目に入るようになっていた。こうしたものを読むことで、ユーザは読書から得た個人的な楽しみを、より広い解釈共同体の中で作られている批評的な基準とそれに基づく議論に接続することができる。この書き込みからは、作家でもあるリーヴが一読者として、こうした正典化のプロセスに参加していることがわかる。　　　　　　　　　　（北村 2018: 160）

　このクララ・リーヴに係る記述のなかに、「解釈共同体（interpretive communities）」ということばがあらわれる。解釈共同体とは、文芸批評家スタンリー・フィッシュ（Stanley Fish）（1992）の提唱した概念である。解釈共同体に属するメンバーは、特有の解釈枠組みを共有しているがゆえに、コミュニティで生産された意味を理解しうるという公的な読みを支える発想である。シェイクスピア劇の刊本にどのような意味を付与しているのか、また解釈戦略を立てているのかを考察することは、解釈共同体に潜む暗黙の前提の検討となる。

　シェイクスピア劇の刊本を読んだり芝居を観たりしていたシェイクスピアのファンにも、お互いに感想を言いあったり、教えあったりといった活動がみられる。一人ひとりは限定的な情報や知識しか持っていないかもしれないけれども、それらが紡ぎ合わされていくことを愉しむうちに解釈戦略を見出す（かもしれない）。読み手一人ひとりの情報や知識は、誰かにとって意味のあるものになるかもしれず、その利他的な愉しみを通して解釈共同体の成員となる。

　シェイクスピアのファンである読み手のなかには、刊本を消費するだけにとどまらず、自分でシェイクスピアの情報を発信したり、二次創作をしたり

といった実践を愉しむ者もいた。今日のソーシャルメディアに見られる、情報の受信者でもあり発信者でもあるユーザーとも重なる。読むことと書くことの実践コミュニティにおいては、その成員どうしで批評しあったり、二次創作したり、あるいはファン・イベントを開催したりと、能動性と創造性が観察される。

2.3　ハリー・ポッターのファンダムにみる参加型文化

　読むことと書くことの実践コミュニティの興味深い点は、シェイクスピア劇の刊本や芝居といった作品を取り巻く消費活動とほどよい距離の立場にいながら、情報や知識の贈与をしあっているところにある。ジェンキンス（2020）は、ファンが自ら小説や批評などに代表されるコンテンツの創造と流通に関わる（ネットワーク化された時代の）「参加型文化（participatory culture）」に着目する。たとえばジェンキンス（2020）が挙げる『ハリー・ポッター』のファンは、「日刊予言者新聞」を模したファン・フィクションを創造する過程で、お互いの知識や知恵を持ち寄り教え合う学習の場を生成する。日刊予言者新聞は、『ハリー・ポッター』の原作にも登場する（ダイアゴン横丁に本社のある）新聞紙であり、魔法使いにとって重要な情報源となっている。

　Jenkinsが示す事例をみると、教育機関や学習指導要領が読むことと書くことの主たる課題を設定していくモデルに加えて、人びとがそれぞれ自分の力が及ぶところに課題を見つけて解決に取り組んでみることの愉しみがよくわかる。たとえばジェンキンス（2020）が挙げるHeather Lawyerは、彼女が13歳のときに出会った『ハリー・ポッターと賢者の石』（J. K. ローリング、1999年）に触発され、物語に登場する魔法学校ホグワーツの学校新聞のWEB版という設定で、上に述べた「日刊予言者新聞（The Daily Prophet）」を立ち上げた。

　このLawyerの事例からは、書き物は作者から読者への伝達物としてだけではなく、協働的な行為を誘うのためのものとしてもあることがわかる。ジェンキンス（2020）によれば、Lawyerは「日刊予言者新聞」の編集長であ

り、最新のクィディッチの試合からマグルの料理まであらゆるものについて自らの「受け持ち」を毎週1回担当するコラムニストを雇っている。Lawver のプロジェクトのおかげで、子どもたちはホグワーツの想像の世界に浸り、「日刊予言者新聞」を制作すべく協働している世界中の子どもたちからなる実在のコミュニティにつながっているということをありありと感じられるようになった。Lawver 自身も『ハリー・ポッター』シリーズのファンであり、そのファンである Lawver の実践を、他のファンがファンとして応援する。

　ジェンキンス (2020) によれば、「日刊予言者新聞」においては、さまざまな異なる民族、人種、国籍を持つ人びとが、個人の違いを受け入れられ、学ぶことが祝福されるコミュニティを築いている。たとえば自分自身を『ハリー・ポッター』に登場するキャラクターの血縁者として想像するファンの書き手もいる。書き手であるコラムニストの視点は、「ハリー・ポッターやスネイプのような主要キャラクターの場合もあるが、クィディッチ用ほうきの発明家、教科書の著者、小説に出てくる政府機関の長のこともあり、物語の中で自分にとって特別な位置を主張できるところであればどの人にでも自分を結びつけることができる」(ジェンキンス 2020: 323) という。

　こうして、「日刊予言者新聞」は集合的に作りあげられていく。『ハリー・ポッター』のファンダムの誰かが書きたいことややりたいことが生じたときに、他のファンがそれを支える。読むことと書くことの実践で重要なのは、原作に係る知識や読むことや書くことの技法に加えて、それらを手に入れるための学習コミュニティへの参加の技法である (宇野・若林 2023)。

2.4　密猟を可能にする集合的知性

　これまで見てきたように、読むことと書くことを愉しむファンダムの実践においては、匿名かもしれない誰かから提案がでてきて、そのやり方に係る技術や情報が共有され、報告がなされる。読み手を読み手が応援したり、アマチュアの書き手どうしで知恵を出し合ったりすることで、実践コミュニティ全体の体験や知識、能力が蓄積されていく。

このような作品の再解釈を伴う実践は、テレビなどで放映された作品をただ受容するオーディエンスではなく、積極的に意味を生成する存在として着目されてきた。1990年以降になると、メディア研究領域を中心に、積極的に意味を生成する存在としてファンダムが議論の俎上にのせられるようになる。さらに今日では、Heather Lawverによる「日刊予言者新聞」のように、『ハリー・ポッター』の原作に特有の意味を与えたり、別のエピソードを生産したりつなぎ合わせたりする能動的なファンダムの実践が加速している。メディア・テクストを受容、消費しながら、そのメディア・テクストとファンそれぞれの現実とを紡ぐ活動は、読書体験を他者と共有することでつながり合おうとする人びとが参加する実践コミュニティそのものである。

Jenkins (1992) は、Michel de Certeauの「密猟」のアイデアに則り、既存のテクストの行間に意味を与えたり、テクストにはない別のエピソードを生産したり、別のテクストと繋ぎ合わせたりする「意味の生産者」としてのファンの能動性に90年代から着目してきた。de Certeauは、社会システムに従いながらも、何とか自分たちにとっても利益となるよう能動的に働きかける「戦術」的な行為に着目する（セルトー1987）。戦術とは、たとえば、入試科目として組織されている国語の読み方やその制度に直接抗うことなく、愉しみとしての読むことと書くことを実践しようとする人びとの「日常的創造性の手続き」とも言えよう。

> Michel de Certeauは、読者にとって有用なものや愉しいものだけを「奪い取る」文芸の保護区 (the literary preserve) に対して不躾に襲撃する、そのような能動的な読みを「密猟 (poaching)」と特徴づけている。「作家からはほど遠く、…読者は、書きもしない野原で密猟する遊牧民のように、誰かの土地をこえて移動する。…」(p174)。de Certeauの「密猟」のアナロジーは、作品の所有とその意味の管理のための継続的な闘争として、読者と作者の関係を特徴づけている。ド・セルトーは、意味の生産と流通を規制するために、大衆的な「複数の声 (multiple voices)」を抑制する、作者と制度的に認められた解釈者によって支配

される「正典経済（scriptural economy）」について語っている。

(Jenkins 1992: 24)

　de Certeau の密猟になぞらえた Jenkins（1992）のアイデアは、孤立した個人によって実現するものではない。名も無き存在かもしれない読み手や書き手が、「日刊予言者新聞」であれ、Wattpad のワン・ダイレクションコミュニティであれ、インフォーマルな学びの場に自身を晒していく。一人ひとりが全てを知っているわけではないファンどうしがお互いにお互いを発見し、能動的につながり、その世界の経験を広げる「集合的知性」（レヴィ 2015）が観察可能になる。書くことと読むことの実践コミュニティへの参加は、そのリテラシーの面での達成と同時に、他のファンとの社会的なつながりを促進する技法の面においても価値がある。

3. ファンダムのフィールドワーク

　この節では、国内におけるファンダムに係る人びとのフィールドワークやインタビュー場面に着目する。最初に「腐女子」を対象とした読むことと書くことの実践コミュニティでの具体性を紹介する。次に、韓国のアイドルグループ「BTS（別称は防弾少年団、방탄소년단）」のファンダムの実践をみながら、ファンダムとは、書くことを通して集合的に学ぶ存在として記述可能なことを示す。特に BTS のファンダムの実践は、読み手を新たな書き手や行為者へと変貌させる円環的な実践として位置づけられる。

3.1　腐女子にみる読むことと書くこと
3.1.1　実践コミュニティとしての腐女子
　ここでは、読むことと書くことの実践コミュニティの 1 つとして、2000 年代になされた腐女子を対象としたフィールドワーク（岡部 2008, 2021）の事例をとりあげる。腐女子とは、アニメやマンガ、ゲームなどを強く愛好し、ときに原作の二次創作であるボーイズ・ラブを中心とした同人誌を消費

したり、または自ら同人誌を書/描いたりする人たちのことである。彼らは、「婦女子」のパロディとして自らを自嘲ぎみに「腐女子」と称すると記述されていた[9]。この呼称は他者から強制的にラベルを貼られたものではない。当事者が自分たちを起点として内側から自分たちを正当化するための呼称である。

　本項では、京極夏彦作品、特に(ファンの間で『京極堂』シリーズとも呼ばれる)『百鬼夜行』シリーズを愛好する2人の同人誌作家による会話場面をとりあげる。『百鬼夜行』シリーズは、第二次世界大戦の戦中・戦後の日本を舞台とした推理小説で、ミステリーの中に民俗的世界観を構築している点が特徴である。

　フィールドワークの調査協力者の1人は、高校生の時から『百鬼夜行』シリーズに触れていた。大学4年生になって時間にゆとりができた際にオンラインで検索したところ、そこで目にした『百鬼夜行』シリーズの二次創作の小説やマンガにはまり、一気に読み漁ったとのことであった。ただし、同人誌の作品数自体が限定的であったことから、彼女は自ら執筆をはじめた。ドメインを取得しサイトを立ち上げ、愛に溢れた思いやりのある京極夏彦のファンダムと、オンラインでも対面でも知り合う機会が徐々に増えた。

　他の同人誌作家やイラストレーターとつながることで、彼女の二次創作のクオリティも高くなり、同時に執筆の速度も飛躍的に上がった。興味に衝き動かされて、同人活動のための新しい場や機会を提供してくれるニッチな情報を検索したり、特定の作品について詳しい人びとが集うオンライン・グループに質問を投げたり、創作物をオンライン上で発表したりする活動は、今や当たり前のこととなっている。このことは、先に『ハリー・ポッター』のファンダムなどでも見た通りである。今日では多くの腐女子がデジタル・デバイスとネットワークを介して読むことと書くことの実践コミュニティとつながっており、そこでスキルや専門性を獲得し、同じ興味を持つ他者とプロジェクトを立ち上げて遊んでいる。

3.1.2　腐女子における生きた受容

　フィールドワークにおいては、解釈共同体における「生きた受容」を垣間見ることができた。それは自分たちの愛好する対象について、（ときに早口かつ饒舌に）、熱狂的に語りつくす「萌え語り」として観察できた。それはたとえば『百鬼夜行シリーズ』で言えば、中禅寺秋彦、榎木津礼二郎、関口巽といったキャラクターをとりあげ、彼らのどのような仕草やセリフに強い興味を覚えたのかを仲間に対して表示し合う実践である。

　「…これは本編に比べて内容がものすごい軽い、で、あの、ね…かわいいよね。うん、榎木津が。あ、中禅寺もかわいい。それは見る人によって違うから何とも言えない」と、京極夏彦の同人誌を指差しながら語り合う。フィールドワーカーである私に対しても、「関口がかわいい人も…まあ、私は榎木津×関口が好きなんです。こっちの方がメジャーなんです。やっぱ関口受けが1番メジャーなんです」と、周辺的ながらも読むことの実践コミュニティに参加できるよう誘ってくれる。

　マンガやアニメ、小説のファンダムは、原作となるテクストをいったん解体して読み替え、新たな構造の二次創作を愉しむ。いわばテクストの再構築、先のJenkins（1992）の言葉であれば「テクストの密猟」に歓びを見出す。彼らは「極めて生産的な読解技術を持っており、本来まったく性描写がない作品でも、男性どうしの関係性からエロティシズムを読みこむことができると言われている。こうした読解技術を身につけていない人にはなんらセクシーに感じられない関係性であっても、腐女子はそこからセクシーさを見出すことができる」（北村 2019: 40）。既存の物語から別の物語を派生させるテクスト密猟において、ファンダムは、与えられたメディア・テクストを消費しながらもただ無抵抗に受容するだけではない。原作と対峙したテクスト密猟者は、読者として作品を愉しみつつ、同時に、従順な読者のままでいることから自身を解放する。書物を読み解くリテラシーに一方的に飼いならされるのではなく、共愉的な道具としてテクストとの関係を切り結び、自律的な読書の機会に自らを誘う。

3.2 BTSファンダムにみる書くことの実践コミュニティ
3.2.1 ファンダムによるホワイトペーパーの作成

　次に、韓国の7人組アイドルグループBTSのファンダムである「ARMY」に係る、読むことと書くことの実践コミュニティをとりあげる。BTSは、たとえば2018年から2019年のワールドツアーにおいて200万人以上を動員したトランスナショナルなアーティストである。なおARMYとは「若者を代表する魅力のあるMC（Adorable Representative M. C for Youth）」を指し示す。BTSもARMYも、性的マイノリティや差別などに代表される社会的な排除に苦しむ人びとの機微に触れた活動を展開することが特徴として挙げられている（金 2022）。

　ARMYもまた、ファンダムの内側に閉じてBTSを愛好するだけではない。先に示した、ファンダムが自ら（映像、小説や批評などに代表される）コンテンツの創造と流通に関わる参加型文化、集合的知性、解釈共同体とも親和性が高い。千田・岡部（2023）によれば、ARMYは社会的意識の強いファンダムとして語られることが多い。ARMYは、BTSの楽曲やメッセージに触発されて活動したり、他のARMYによる「社会的に良い活動」を模倣したりすることがしばしば観察される。ただし、商品としてのBTSを受容し、市場に流通するものを消費して楽しむARMYもいれば、たとえば、BTSに触発されて「BLM（Black Lives Matter）運動」のための寄付団体を組織するようなARMYまで、そこには濃淡がある。

　BTSに触発されたARMYの社会的な実践にも、読むことと書くことの実践コミュニティと接続するものが見えてくる。その代表的な実践の1つとして、「ホワイトペーパー・プロジェクト」[10]が挙げられる。ホワイトペーパー・プロジェクトは、BTSメンバーの1人が日韓の歴史認識に係る「原爆Tシャツ（韓国での呼称は光復節Tシャツ）」を着用してメディアにとりあげられたことに端を発する。

　イ（2021）を参照すれば、「原爆Tシャツ」の問題は、単にそのTシャツの着用に否定的な態度をとったり衝突したりするだけに留まらず、ARMYにとって学ぶ機会となったことに特徴がある。「私たちは、知と対話の力を

信じるごくありふれた BTS のファンです (We are a group of ordinary BTS fans who believe in the power of knowledge and discussion)」の 1 文から始まるこのホワイトペーパーは、さまざまな国のファン数十人によって数ヶ月かけて書き上げられ、英語と韓国語で公開された。日韓における（特に、植民地支配と原爆に係る）歴史的な知識の偏りや断絶、メディアによる報道の差異などについて、K-ARMY（韓国の ARMY）、J-ARMY（日本の ARMY）、そして I-ARMY（インターナショナル ARMY）それぞれから見た認識や反応、齟齬（frustration）に多くのページがあてられている。そして、ホワイトペーパーの「結語（Closing Remarks）」には、「表面的で偏った可能性のあるストーリーを疑うことなく吸収するのではなく、政治的、歴史的、文化的な背景や風土を十分に理解することが、私たちの責任である (It is our responsibility to build a full understanding of the political, historical, and cultural background and climate rather than unquestioningly absorbing superficial and potentially biased presentations of the story)」と、歴史問題を前に進めるために「積極的に学ぶこと（Be willing to learn）」が記されている。

　このホワイトペーパーは、ファンダムとしての ARMY によってなされた、原爆 T シャツ問題の背景にあることがらの学習の集積である。公的な教育機関とは異なる非公式的な学習ながらも、お互いの知識や知恵を持ち寄り連帯することで、集合的知性が観察可能になった事例とも言える。ファンダムとしての ARMY は、個人として原爆 T シャツの問題を読みとくだけでなく、その解釈を他のファンとも共有し学び合い、その成果を書き上げる。

3.2.2　愉しみとしての学術研究

　北村（2018）が示した、シェイクスピアを楽しんできた女性ファンや作家による、読むことや観劇を通した解釈共同体の存在は、生きた受容の実態の解明である。BTS のファンダム ARMY においても、BTS をテーマにした国際カンファレンスである、BTS: A Global Interdisciplinary Conference を通した生きた受容を見ることができる。2020 年に始まったこの国際カンファ

レンスは、ジェンダー・セクシュアリティ・人種などのアイデンティティ、参加型文化、市民政治、教育、メンタルヘルスなどに係る問題をテーマにした研究報告の場である。

　BTSを研究対象とした国際カンファレンスは、シェイクスピアのファンダムによるジュビリー祭の現代版ともみなすことができる（なお、筆者も共著者としてBTSカンファレンスでの発表にアプライしたものの、査読でリジェクトとなった）。この国際カンファレンスの参加者はARMYでもある研究者が多く、ファンダムとしての実践と、研究という実践との不可分性が興味深い。学術的なアプローチを通して研究報告をまとめていくこともまた、ホワイトペーパー・プロジェクトをまとめるために集い、学び合うことと同じ地平にある。

　千田・岡部（2023）では、ARMYというファンダムを対象としたフィールドワークにおいて、ARMYでもあり調査者（フィールドワーカー）でもあるという一人称的な視点から学術論文を書くことについて議論されている。その学術論文の執筆過程では、たとえば、録画・録音されたARMYのインタビュー・データを文字におこす際、現実に起きている社会的な問題に対して、調査対象者であるARMYがどのように解釈をしているか、その方法に調査者が触発されることもしばしばある。学術論文を書くことやその発表という価値創出のプロセスそのものもまた、ファンダムの活動の現場の1つである（千田・岡部 2023）。興味に衝き動かされたARMYを対象としたフィールドワークにおいて、フィールドワーカーは、他のARMYの言葉や解釈に触れる。そして時に凝り固まった自身の思考に気付かされたりしながら論文を書くことを通して、結果的に、ARMYの実践をユニークな方向へと育むメンバーの1人になっていく。学術研究を書くこととしてのファンダムの実践もまた、決して孤立した営みではなく、これまで見てきた参加型文化や集合的知性、愉しみの解釈共同体における実践のあり方の1つとみることができる。

4. まとめ―読むことと書くことの集合的な学習

　ここまで、参加型文化、集合的知性、解釈共同体などの概念を拠り所にしながら、読むことと書くことの実践コミュニティとしてのファンダムの特徴を概説してきた。そのうえで、腐女子とARMYにおける読むことと書くことの実践に着目したフィールドワークから、単に受動的に情報を消費するだけではなく、消費した情報に基づいて他者とともに学習することへの接続についてみてきた。本節では、これまで認知科学の領域においてなされてきた学習研究の知見から、テクストを集団で読むことについてみていきたい。

4.1　学び合いの面白さの実際

　認知科学の領域においては、1980年代から、協同で学習することの意義に迫る研究が蓄積されてきた。その先駆けとなる研究の1つに、Miyake (1986)による「ミシンが布を縫う仕組みの理解」が挙げられる。この「ミシンが布を縫う仕組みを理解する」という課題は、ミシンをよく利用している人にとってもかなり難しい。

　Miyake (1986)では、3組のペアの生徒に対して、話し合いを通して「ミシンが布を縫う仕組み」を協同的に理解することを求めている。生徒は「発話思考(think aloud)法」を通して、その時考えていることを話すよう指示され、その発話データから、他者と一緒に課題に取り組むことを通してどのようにミシンの仕組みの理解が深まるかが分析された。

　Miyake論文は、「他者との協同が問題解決において有効である」ことの根拠として最もよく引用される論文の1つであるものの、実際は、他者とのインタラクションは、それ自体、美しいものでも牧歌的なものでもない(清河2015)。むしろ、Miyake論文が示した面白い点は、他者と「一緒に」問題に取り組んでいるようで、実は、他者からの質問がせっかく構築した理解を打ち壊すこともあれば、必ずしも同じ着地点に到達してくれるわけでもなく、それぞれが「自分勝手に」ふるまっている姿が生きいきと描かれていことにあるのだという(清河2015)。

「一緒に」問題に取り組んでいるようで、実はそれぞれが「自分勝手に」ふるまっている協同の姿とは、どのようなものだろうか。先の清河によれば、Miyake 論文では、たとえばあるペアの生徒の理解が深化するきっかけは、「相手がわかってくれなかったから」であり、もし相手がすんなり説明を聞き入れてくれたなら、説明した側はそれ以上の努力をせず「わかったつもり」の状態にとどまった可能性があるという。

　ここで着目されている「ままならない」やりとりが育む「想定していなかった理解」は、ファンダムにおける読むことと書くことの実践コミュニティにもみられるだろう。複数人が集まって一緒に読むことや書くことの面白さは、正しい読み方や書き方、または画一的なリテラシーの獲得とは異なるところにある。ファンダムの中のある人にとっては当たり前の解釈が、別の人たちにとっては意外な解釈と感じられ、触発の機会となる。触発された人びとは、もしかしたらそれまでの読み方や書き方を批判的にとらえなおすかもしれない。1 人では自分の解釈や書くことの実践を批判的にとらえることの難しい個々人が、他者の考えに触れることを通して、比較的容易に、想定していなかった理解に辿り着くこともある。

　最初は「ままならない」ものであったかもしれない解釈や作品であっても、それを読むことと書くことの実践コミュニティに晒してみることで、1 人では到達できない状態へと誘われる可能性がある。BTS のファンダム ARMY のフィールドワークで示されたことは、日韓の歴史認識に係る「ままならなさ」や、日常生活で体験した社会的な不合理について、異なる視点からとらえなおしてみることである。1 つの理解は、次のわからないことを生みかねない。このような体験は、「正しく」読むことと書くことのためのリテラシーを獲得するという発想を超えている。

　読むことと書くことの実践コミュニティのなかで、自分とは異なる他者の解釈を目にしたり、思いもしなかったアドバイスをもらったりする。そのようなつながりの知と文学的な専門知とが、ファンダムにおいてはブリコラージュ的に混淆している。清河 (2015) が示してくれるように、素朴に期待されている、互いに足場をかけ合いながら同じ理解に到達するといった「美し

い」協同の姿とは一見異なる、「自分勝手な」協同であることが、私たちを意外な日常へと誘ってくれる可能性があることが読みとれる。

4.2　読むことと書くことを通した共愉的な学習

　本章では、『シャーロック・ホームズ』や『ハリー・ポッター』のファンダムであれ、BTSのファンダムARMYであれ、読むことと書くことの実践コミュニティへの参加を通した、学習、連帯、社会参加という活動の生成を肯定的に記述してきた。こうした参加型の場は、非公式的ながらニーズに応じてオンラインを中心に編成され、価値や関心がおかれる限り継続する。知識獲得や知識創造も重視しながら、集合的な学びを通して得られる愉しみや歓びといった情動的な面にも重きを置く。このように、読むことと書くことの実践コミュニティにおける学習とは、愉しさや歓びと結びつく。

　3.2で示したホワイトペーパー・プロジェクトにおいて、ARMYは、BTSを能動的に「受容(reception)」するだけではなく、むしろBTSを「利用(use)」する学習の場を能動的にデザインしていた。そしてその学習環境デザインを通して、自らに望ましいARMYとしての経験を受動する。

　フランスの社会学者Hennionは、「その道の専門家ではないが、特定の文化的活動に対して自分なりのやり方を発展させている一般の行為者」として「愛好家」を定義する。Gomart and Hennionによれば、その愛好家は、独自の言動や装置(dispositifs)を用いて現場を創出し、また他の仲間とともに、自らの歓び(pleasure)を深める存在であるという(Gomart and Hennion 1999)。読むことと書くことの実践コミュニティの1つとしてファンダムをとらえていくことの意味は、もしかしたらリテラシーという言葉に覆い隠されてしまっているかもしれない、集合的な学習の愉しさと歓びの復元にあるのかもしれない。

注

1 　「アマチュア」という語に係る定義は多々ある。たとえば Edward Said (1998) に則れば、「利益や利害、専門的な知識に縛られることのない、憂慮や愛着によって動機づけられる活動」が「アマチュアリズム」とされる。

2 　「ナヴィ語」の辞典はオンライン上で閲覧可能である。「Learn Na'vi」のWEBページ (learnnavi.org) を参照。

3 　宇野・若林 (2023) では、「共通の目的を持つ人が集まる組織」とされる。目的を達成したら爽やかに解散するような関係性を持つ場合が多い。

4 　「ファン・コンベンション」とは、小説、アニメ、マンガ、ゲームなど、さまざまなポップカルチャーとそのファンが集うイベントのこと。特定のキャラクターや作品、ジャンルを中心にイベントが組織される場合もある。国内最大のファン・コンベンションは、有限会社コミケットが運営するコミックマーケットであり、多様な同人サークルが自作の物品を展示、頒布する点に特徴がある。

5 　「ファンサブ」とは、Fan Subtitling の略で、たとえば日本語のアニメ作品に、英語など他の言語でファンが独自に字幕（サブタイトル）をつけること。または、ファンが独自につけた字幕のことを指す。

6 　「AMV」とは、放映されたアニメの映像をクリッピングして楽曲をつけることで、独自の映像コンテンツを制作するファン活動の1つ。アニメコンベンションや、AnimeMusicVideos.org などのポータルサイトで公開されている。日本では、「MAD ムービー」とも呼ばれている。

7 　「コスプレ」とは、「コスチューム・プレイ (Costume Play)」の略称で、マンガやアニメ、ゲームなどのキャラクターに扮するファンによる実践である。ファン・コンベンション会場などではファンによる多様なコスプレを目にすることができる。

8 　主にアメリカのアニメイベントで開催される、ダンスや歌、劇などのパフォーマンスを伴うコスプレコンテスト。

9 　より近年では、「腐」の字を使うことをやめた方がよいという言説もある。

10 　詳細は、ホワイトペーパー・プロジェクトのWEBページ (whitepaperproject.com/en.html) を参照。韓国語版と英語版がある。当事国でありながら日本語版がないのは、プロジェクトに対する誹謗中傷が多く断念したためとされる。

参考文献

千田真緒・岡部大介 (2023)「ファン活動としての現場研究―BTSファンダムの共感的フィールドワーク―」『質的心理学フォーラム』Vol.15: 16–25. 日本質的心理学会

團康晃(2021)「可視化される読者共同体―オンライン小説投稿サイトにおける感想欄の相互行為分析」秋谷直矩・團康晃・松井広志編『楽しみの技法―趣味実践の社会学』pp. 53–78. ナカニシヤ出版

ド・セルトー，ミシェル　山田登世子訳(1987)『日常的実践のポイエティーク』国文社 (De Certeau, Michel. (1980) *L'invention du quotidien1 : Arts de faire*. Paris: Folio essais.)

イ，ジヘン　桑畑優香訳(2021)『BTSとARMY―わたしたちは連帯する』イースト・プレス (이지헌. (2019) *BTS 와 아미컬처*. Seoul: 커뮤니케이션북스.)

石田喜美(2015)「読書体験を共有する活動に着目したワークショップ・プログラムの実践」『読書科学』56(3, 4): 138–148. 日本読書学会

フィッシュ，スタンレー　小林昌夫訳(1992)『このクラスにテキストはありますか―解釈共同体の権威』みすず書房 (Fish, Stanley E. (1980) *Is There a Text in This Class?: The Authority of Interpretive Communities*. Cambridge: Harvard University Press.)

Gomart, Emilie and Hennion, Antoine. (1999) A sociology of attachment: music amateurs, drug users. John Law and John Hassard (eds.) *Actor Network Theory and After*. pp. 220–247. Malden: Blackwell Publishers.

Jenkins, Henry. (1992) *Textual Poachers: Television Fans and Participatory Culture*. London: Routledge.

ジェンキンス，ヘンリー　渡部宏樹・北村紗衣・阿部康人訳(2020)『コンヴァージェンス・カルチャー―ファンとメディアがつくる参加型文化』晶文社 (Jenkins, Henry. (2006) *Convergence Culture: Where Old and New Media Collide*, New York: New York University Press.)

ジェンキンス，ヘンリー(2021)「ファンダムエコノミー入門―ヘンリー・ジェンキンスとの対話」コクヨ野外学習センター編『ファンダムエコノミー入門―BTSから、クリエイターエコノミー、メタバースまで』pp. 40–67. 黒鳥社

北村紗衣(2018)『シェイクスピア劇を楽しんだ女性たち―近世の観劇と読書』白水社

北村紗衣(2019)『お砂糖とスパイスと爆発的な何か―不真面目な批評家によるフェミニスト批評入門』書肆侃侃房

清河幸子(2015)「インタラクションの中で」『認知科学』22(4), pp. 547–548.

Korobkova, Ksenia A. (2014) *Schooling the Directioners: Connected Learning and Identity-Making in the One Direction Fandom*. Irvine, CA: Digital Media and Learning Research Hub.

水倉稀子(2023)「シャーロック・ホームズ連作におけるファンダム」『OTSUMA REVIEW』56: 109–116. 大妻女子大学

レヴィ，ピエール　米山優・清水高志・曽我千亜紀・井上寛雄訳(2015)『ポストメデ

ィア人類学に向けて──集合的知性』水声社(Lévy, Pierre (1994) *L'intelligence collective : Pour une anthropologie du cyberspace*. Paris: La Découverte.)

Miyake, Naomi. (1986) Constructive interaction and the iterative process of understanding. *Cognitive Science*, 10, pp. 151–177. Seattle: Cognitive Science Society.

岡部大介(2008)「腐女子のアイデンティティ・ゲーム──アイデンティティの可視／不可視をめぐって」『認知科学』15(4): 671–681．日本認知科学会

岡部大介(2021)『ファンカルチャーのデザイン──彼女たちはいかに学び、作り、「推す」のか』共立出版

サイード，エドワード，W．大橋洋一訳(1998)『知識人とは何か』平凡社(Said, Edward W. (1994) *Representations of the Intellectual: the 1993 Reith Lectures*, London: Vintage.)

宇野重規・若林恵(2023)『実験の民主主義──トクヴィルの思想からデジタル、ファンダムへ』中公新書.

Wenger, Etienne. (1998) *Communities of practice: Learning, meaning, and identity*. Cambridge: Cambridge University Press.

WEBページ

金成玟(2022)「〈特別公開〉BTSが解放したもの」『WEB世界』〈https://websekai.iwanami.co.jp/posts/6770〉2023.12.23

第Ⅲ部

ハイブリッドな主体、
ハイブリッドな学び

第 7 章 学校図書館において生じるリテラシー
——探究学習におけるメディアと仲間の役割

新居池津子

　岸本が旅で書いた稿(もの)の中にある笑う可き文句の真似(まね)なぞが始まる。菅や市川は盛んにそれをやり出した。「馬車馬」という言葉も幾度か繰返された。眼の両側へ手を宛行(あてが)って、鼻息ばかり荒く駆出して行く獣の光景(さま)なぞを見せつけられるので、岸本はもうショゲ返って了った。青木は又、聞いて貰う積で、自分の書きかけの草稿を風呂敷包の中から取出して読んだ。
　それは元禄の大家が明治の代に復活(いきかえ)った頃であった。外国の文学も次第に海を越して入って来た。
　英吉利(イギリス)の詩歌——殊にシェイクスピアの戯曲は青年の間に読まれた。よく連中の話頭(はなし)にも上る。　　　　　　　　　　　　　　　　　　（島崎藤村『春』）

1. 人のつながりから捉える「ラーニング・コンパス（学びの羅針盤2030）」における 2 つの鍵概念

　冒頭に示した『春』は、島崎藤村自身の自伝的私小説からの引用である[1]。藤村は、サンドロ・ボッティチェリ（Sandro Botticelli）の絵画『プリマヴェーラ』に着想を得て、この『春』で、共に文学を探究した仲間をモチーフとして、青年の群像を描くことを試みた。『春』の主人公の岸本は藤村自身、青木は北村透谷がモデルとされている[2]。
　藤村や透谷らは、雑誌『文学界』（明治 26（1893）年創刊）という 1 つのメディアを世に送り出すと同時に、そのメディアもまた、そこに寄稿した藤村

ら著者たちの関係にも影響を及ぼした。たとえば、新体詩という新たな文学表現を模索した藤村にとって、先に挙げた雑誌『文学界』は、自己の目指す文学を表現するだけのメディアではなかった。冒頭のエピグラフのように、『文学界』というメディアは、新たな文学を探究するコミュニティとして、相互の作品を批判しあったり、海外の文学を読み共有し合ったりすることができる多様な仲間とつながるためにも機能していたことが窺える。

このように『春』には、人のつながりと、そのつながりにいかにメディアが寄与しているのかが描かれているともいえる。こうしたコミュニティにおける人のつながりの重要さは、OECD（経済協力開発機構）による「教育とスキルの未来：Education 2030 (Future of Education and Skills 2030)」プロジェクトの「ラーニング・コンパス（学びの羅針盤2030）(OECD Learning Compass 2030)」（以下、「ラーニング・コンパス」）[3]にも示されている。

「ラーニング・コンパス」とは、OECDが開発した教育に求められている未来像を描いた、進化し続ける学習の枠組みである。この学習の枠組みで重視されているのは、以下の2点である。第1に、測定できない学びに価値を認めている点である。第2に、フォーマルで意図的に構造化された学びだけでなく、インフォーマルな学びや仕事、家庭や余暇などの日常の活動に付随して起きる学びも重要であることを示しているという点である。つまり、生徒が学校、家庭など、所属している複数のコミュニティにおいて、さまざまなかたちで学びに参画するようになることの意義が示されているといえる。

また、「ラーニング・コンパス」では、こうした生徒の学びを捉えるための鍵概念として「エージェンシー(agency)」という概念が用いられている。そして、この「エージェンシー」については、必要不可欠な要素として、2つの鍵概念が示されている。1つは、生徒が学ぶことにより、育まれ、発揮される概念であり、これは「生徒エージェンシー(Student agency)」とよばれる。もう1つは、教師や仲間たち、家族、コミュニティなど、生徒の学習に影響を与えるより幅広い関係性であり、これは「共同エージェンシー

(Co-agency)」という言葉で示されている。つまり、コミュニティの中で、仲間や教師、家族など多様な他者とつながることによって、生徒が目指す目標に向かって進んでいくことを支える双方向的で互恵的な協力関係を示す概念である。ここで、注意しておきたいのは、両者のエージェンシーは別々に機能するのではなく、相互が影響を及ぼし合うものとして捉えられているということである。

　冒頭のエピグラフの文脈に基づけば、生徒エージェンシーとは、新体詩という新たな文学表現を模索しようとする藤村自身が発揮するエージェンシーである。そして、共同エージェンシーは、藤村のエージェンシーを支える『文学界』というメディアに集う藤村ら仲間によるコミュニティにおける双方向的で互恵的な協力関係だといえる。これらのことは、生徒エージェンシーを発揮するために、コミュニティの中で、生徒は仲間や教師、家族など多様な他者とつながっている必要があり、それは共同エージェンシーと切り離すことはできないということを示しているといえよう。

2. 探究学習における他者とのつながり

2.1　学校図書館での探究学習とメディア利用

　本章では、学校図書館で行われる探究学習[4]を事例として取り上げる。その中で、いかに生徒エージェンシーが発揮され、共同エージェンシーが機能しているのか、その様子を描き出してみたい。

　現行の学習指導要領において、教科の枠組みを越境して、探究学習が行われることが期待されている。そして、そのような教科横断的な探究学習を実現するため、多様なメディアが構築されている学校図書館を利活用することと「総則」には書かれている（文部科学省2017）。

　ただし、このような学校図書館への期待は、今に始まったものではない。学校図書館の歴史をさかのぼると、戦後初期の図書館教育が試みられた時代へと辿り着く。図書館教育は、読書指導とも関わる一方で、学校図書館の図書資料（以下、図書）を、教材や教具として学校の教育課程において活かす

ことを企図したカリキュラムである。戦後の GHQ ／ CIE の占領期から、いわゆる系統主義とされる 1958 年の学習指導要領の間に、旧師範学校のみならず、公立の小・中・高校の実験学校でも、そのカリキュラム編成と実践が試行されていた（根本 2022a, 2022b）。このような実験学校で試みられた図書館教育のカリキュラムは、学校図書館が育むリテラシーとして、現在の生徒の興味・関心に基づく探究学習や高度情報社会に求められる情報活用能力の育成の議論とも結びつくものである（根本 2022b）。

とりわけ、高度情報社会に生きる私たち、人は、SNS に代表されるメディアそのものやその内容である情報と相互に関わり影響を及ぼしながら生きている。学校教育においても、「GIGA スクール構想」では、個別最適化した学校教育の実現が目指され（文部科学省 2020a）、1 人 1 台のタブレット型 PC を活用することが推進されている（文部科学省 2017, 2020b）。こうした学校教育の実情を踏まえると、学校図書館における図書や 1 人 1 台のタブレット型 PC の活用は、図書館教育から現在に至るこの流れの中に位置付けることができよう。

それでは、現在の教育課程において、探究学習で利用される図書やタブレット型 PC といったメディアは、具体的にどのような役割を果たしているのだろうか。そこで本章では、メディアの役割に着目し、探究学習の過程で生起する生徒のつながりを捉えることを試みる。

2.2 つながりにおけるメディアが伝達する情報やデータへの着目

昨今の学校教育における ICT 活用をめぐる議論では、メディアの形態に着目する傾向がある（新居 2023）。たとえば、生徒が探究学習において有効に活用できるのは、タブレット型 PC のような電子メディアであるのか、あるいは、学校図書館にある図書のような印刷メディアであるのか、といった議論は、メディアの形態にのみ着目した議論である。

ただし、ここで注意しなければならないことは、生徒が探究学習で活用するモノ、あるいは、生徒の探究学習に寄与するモノは、むしろ、メディアに記載されている情報でもあるということである。むろん、ここでいう「情

報」には、それらに掲載されたデータそのものも含まれる。とりわけ、学校図書館で探究学習を行う場合、そこで活用されるのは、検定教科書をはじめとした、発達段階に基づき学年や教科ごとに系統立てて設定された資料だけではない。利用する生徒の学年や発達段階を越境する、また、教科を横断するような情報が含まれる多様な図書が活用されることもある。同様に、このような情報は、タブレット型 PC で検索した結果得られる、WEB ページの情報にも含まれている。探究学習の過程で、生徒は、これらの情報を探し出し、そこで見つけた情報を知識として理解し、活用していくことが求められる。したがって、生徒が、いかなる形態のメディアを利用して、どのような情報を得たのかという点にも注意を払う必要がある。

　このように、学校図書館内にある図書やタブレット型 PC などのメディアが媒介して伝達する情報も、生徒のつながりを媒介するモノとして捉えながら探究学習を見てみると、これまでとは異なった学びの風景が浮かび上がってくる。そこで本章では、メディアが伝達する情報に着目し、どのような人のつながりの中で探究学習が生起、継続しているのかというそのプロセスを記述する。これにより、教科書に限定されない情報を伝達するメディアが、生徒の学びにおけるつながりにどのように探究学習に影響を及ぼしているのかを描き出すことが本章のねらいである。

2.3　探究学習におけるメディアが伝達する情報を介したつながりを捉える枠組み―生徒の居方

　それでは、探究学習におけるメディアが伝達する情報を介した生徒のつながりは、どのような枠組みから描き出すことができるだろうか。探究学習は、「総合的な学習の時間」で行われるにせよ、特定の教科等で行われるにせよ、生徒自身の興味・関心に基づくものである必要がある（文部科学省 2017）。こうした探究学習における生徒エージェンシーについて、木村・一柳（2022）は、生徒の「声」や「声なき声」によって物語られることを示唆している。また、秋田（2023: 21）もこうした生徒の学ぶ姿に想いを寄せてそれを解釈することの重要性を指摘している。

そこで、ここでは、メディアが伝達する情報を介した生徒のつながりを生徒の立場から捉えてみたい。そのための理論的な枠組みとして、本章では、「生徒の居方」（新居 2021）という概念を用いる。「生徒の居方」は、鈴木（1994）が示した「居方」の概念を援用した概念である。

鈴木（1994）は、「居方」を、「ある場所に人が居る時の状態、その時に周囲の環境とどのような関係をとっているか、またそれが他者にどのように認識されるかといったことの総称」と定義している。この鈴木の「居方」の定義を踏まえて、新居（2021）は、「生徒の居方」を、以下のように操作的に定義している。まず、「ある場所に人が居る時の状態」については、生徒の行為としている。また、「その時に周囲の環境とどのような関係をとっているか」という点に関しては、学校図書館の固有の図書資料などのモノや館内に居合わせ相互作用する生徒や教師といった人を、学校図書館における「周囲の環境」として捉えている。そして、「他者にどのように認識されるか」ということについては、学校図書館の環境における生徒の行為を観察者である筆者が解釈することとすると述べている。

つまり、「生徒の居方」（新居 2021）とは、学校図書館の環境における生徒の行為に対する観察者である筆者の解釈である。また、本章の目的に即して、この「生徒の居方」の文脈に従い、「周囲の環境」を探究学習が行われる学校図書館の環境として捉えるならば、それは、以下の2つの要素から構成されているといえる。1つ目の要素は、情報を伝達するタブレット型PCや図書といったモノである。そして、もう1つの要素は、互いにつながりを創り出したり、あるいは、離れたりする人である。

したがって、探究学習が行われる学校図書館の環境は、タブレット型PCや図書といったモノが、いかにメディアを通して情報を提供するのか、また、生徒がどのように人とつながるのかを捉えられる可能性がある環境ということになる。そこで、ここでは新居（2021）を参考に、「生徒の居方」を以下のように操作的に定義する。すなわち、本章で焦点を当てる「生徒の居方」とは、生徒とつながる人や、図書やタブレット型PCが提供する情報といったモノが、探究学習が行われる学校図書館の環境として相互に機能して

いる状態における、生徒の行為に対する筆者による解釈を意味する。

3. 生徒の居方から捉える学校図書館における探究学習の事例

3.1 メディアが伝達する情報を介した人のつながりの中で発揮されるエージェンシー

　上述してきたように、メディアが伝達する情報を介した人のつながりが、生徒の居方から捉えられるのだとすると、実際に探究学習が行われる学校図書館は、どのようにみえてくるのであろうか。ここでは、ある公立中学校の学校図書館で行われた探究学習を事例として示してみたい。

　本項に示すのは、20XY 年 7 月～ 8 月に学校図書館で行われた探究学習の授業である。この探究学習は、1 学期の期末考査の後、夏休みまでの間に行われた。遺伝子・DNA に関して、生徒が個別にテーマを設定して論文を作成する探究学習であった。なお、以下の事例に登場する教師や学校司書、ならびに、生徒は、全て仮名である。

　理科教諭である佐藤先生（仮名）が、この探究学習を生徒に課した背景には 2 つの目的があった。1 つは、学校図書館に整備されている多様なメディアの情報を活用することである。もう 1 つは、仲間で議論しながら探究学習を行うことであった。佐藤先生は、この 2 点を自身が大学院で修士論文を執筆する過程で重要だと感じており、これらを義務教育の段階で経験しておくことは、これからの社会で生きる生徒たちにも必要なものだと繰り返し語っていた。そのため、佐藤先生は、学校図書館の館内の図書を参照するだけでなく、他者との議論を促すために、自由に離席することを許可していた。

　そこで、ここでは、学校図書館で行われた協力学級の 8 時間の授業を通して、タブレット型 PC だけでなく、数冊の図書といったメディアも利用し、多くの情報を活用していたマサキ（仮名）の行為に着目する。マサキは、「私は自分のクローンを作ることで同時に 2 つのことができると思った」と

いう自分ごととしての発想を端緒として、クローン人間とその是非を問うテーマを設定していた。

　ただし、マサキは3時間目の授業で、図書を差し出した学校司書の西山先生(仮名)に、「図書館の先生に言うのは…ちょっと〜失礼なんですけど…本て嫌いなんですよ！　あの一字を読みたくない…こういうのもちょっと読みたくないんですよね」と、タブレット型PCの画面に提示されている文字テクストを指さしながら話していた。このマサキの発話から、マサキが図書に対して苦手意識をもっていることがわかる。加えて、マサキは、図書というメディア形態だけでなく、文字を読むこと自体にも抵抗を感じていたことが窺える。

　一方で、マサキは、遺伝子・DNAに関する用語を知識として、得たり理解したりするために、図書やWebページに示されている文字を読まざるを得ない状況下に置かれていた。そのため、マサキは、知識として理解するプロセスで、時折、わからなさや困難感を示していた。しかし、最終的に、マサキは、佐藤先生から高い評価を得た論文を完成させていた。

　また、マサキは、それらのメディアに記載されていた情報について、佐藤先生(41場面：計約128分間)や学校司書の西山先生(5場面：計約55分間)、クラスメイト(17場面：計約47分間)とつながる様子が多く観察された生徒でもある(表1)。表1は、この授業のなかで生じたそれらのつながりの一部を表にまとめたものである。以下に示すように、マサキは、複数の人やモノ(メディア)とつながり、その中でさまざまな情報をやりとりしている。

表1　マサキをめぐるメディアと情報を介した他者と主なつながり場面

場面1	授業時間	1時間目
	つながりの対象	佐藤先生
	メディアの形態	タブレット型PC
	メディアが伝達する情報（キーワード）	WEBページ「クローン問題と生命の倫理」（「ドリー誕生の実験」「277分の1」）

場面2	授業時間	3時間目
	つながりの対象	西山先生(学校司書)
	メディアの形態	タブレット型PC
	メディアが伝達する情報（キーワード）	WEBページ「クローン問題と生命の倫理」（「羊の実験」「277個の核と移植」）
場面3	授業時間	4時間目
	つながりの対象	佐藤先生
	メディアの形態	タブレット型PC
	メディアが伝達する情報（キーワード）	WEBページ「クローン問題と生命の倫理」（「クローン」「テロメア」）
場面4	授業時間	5時間目
	つながりの対象	西山先生(学校司書)
	メディアの形態	図書
	メディアが伝達する情報（キーワード）	『考えよう、わたしたちの体と生き方2 遺伝子』丸山敬、2005、小峰書店（「6年間半…7年間ぐらい生きた」）
場面5	授業時間	5時間目
	つながりの対象	西山先生(学校司書)
	メディアの形態	図書
	メディアが伝達する情報（キーワード）	『科学がつくる21世紀のくらし1 バイオテクノロジー──新たな生命をつくる』大島泰郎監修、2003、リブリオ出版（「半分しか生きれなかった」「人間のクローンをつくることも可能」「人間が人間のクローンをつくりだすことには問題があるので、多くの国で禁止」）
場面6	授業時間	6時間目
	つながりの対象	クラスメイト
	メディアの形態	図書
	メディアが伝達する情報（キーワード）	『科学がつくる21世紀のくらし1 バイオテクノロジー──新たな生命をつくる』大島泰郎監修、2003、リブリオ出版（「半分しか生きない」「クローンの技術」）

第Ⅲ部｜ハイブリッドな主体、ハイブリッドな学び

場面7	授業時間	6時間目
	つながりの対象	クラスメイト
	メディアの形態	タブレット型PC
	メディアが伝達する情報（キーワード）	WEBページ「クローン問題と生命の倫理」（「クローン」「細胞分裂」「テロメアが短い」「死ぬ確率が4倍」）

　以上は、1時間目から6時間目までの探究学習の過程においてみられた、多様なメディアとそれらが伝達する情報を介したマサキの主なつながりである。これらから、マサキは、多様なメディアとそれらが伝達する情報を介して、佐藤先生や学校司書の西山先生、クラスメイトとつながっていたことがわかる。

3.2　人のつながりの中で発揮される生徒エージェンシー

　7時間目の中盤、「クローン人間」の賛否について記述するために、人間のクローンを作ることに対するメリットとデメリットについて、マサキは館内のクラスメイトに意見を聞きに回っていた。やがて、最後に立ち寄ると佐藤先生に話していた閲覧机にマサキが向かう。この閲覧机には、マサキと同じクローン人間を課題に設定したヒナ（仮名）をはじめ、インタビュー調査でも頼りとしているとマサキが語っていたミチタカ（仮名）などのメンバーが集まって座っていた。以下の事例は、その話の中で自然に発生したつながりの場面である。

　なお、以下の事例を解釈する際に示した枠内の場面1〜場面7は、上記の表1と対応している。それらの場面内の丸括弧（　）は行為、鍵括弧「　」は参照しているメディアやマサキが書くメモなどの記述されている情報である。

事例　クローン人間の倫理的課題をめぐる生徒間のつながり

7時間目（8月5日13:58頃）
マサキはわずかに体重をのせるようにして閲覧机の端に広げて両手を

置き、「277個の核を移植して、唯一できたのがクローン1匹だったの。276体犠牲になったの」と話して聞かせるⒶ（図1）。ヒナ・マリ（仮名）・ナナ（仮名）の3人が「ええー！」と驚いた声をあげるⒷ。マリが「ダメじゃん！」と言うと、マサキは「だから、もし人間だったら、そんぐらいの人が…」と言いかけるⒸ。すると、またマリが「ダメでしょ！」と応えるⒹ。マサキが「できる…適用できるけど、人間には…しちゃだめらしい…」と言いよどむⒺ。そこで、マサキは「メリットどっちでもいいよ！」と意見を求めると、マサキと同じ人間のクローンについてテーマ設定していたヒナが、すぐに「はい」と挙手する。マサキが「はい」と指名すると、タブレット型PCでネット検索をしていたヒナが「移植！ 移植が容易になる」と応答するⒻ。しかし、その話の途中で、ヒナが「クローンとして生まれてきた人は嫌な気持ちになるかもしれないっていうのと…」と切り出すⒼ。マサキは、席に座るメンバーと視線の高さを揃えるようにしゃがみ、両肘を閲覧机に体重を載せるようにして手のひらをあわせるようにして前に出し、「うん、自分じゃない…」と呟くⒽ（図2）。いつのまにか、自分のタブレット型PCの画面を見ながら文字を打ち込んでいたミチタカも顔を上げているⒾ。「自分がクローンってわかったら嫌じゃない？ 誰かのクローン…」とヒナが応答すると、マサキは沈黙するⒿ。

　まず、改めて確認しておくが、佐藤先生は、学校図書館で行う探究学習のために、タブレット型PCを利用するだけでなく、学校図書館の中の図書を参照することや話し合いのために自由に離席しても良いという学習環境を設定していた。一方で、検定教科書のように参照すべきメディアやそこに示されている情報に基づいて、特定テーマや話題について話し合うことを直接指示してはいなかった。つまり、このつながりの場面は、マサキが自分の探究学習を進める過程で、自ら起こした行為であり、議論はその過程で自然発生的に生起している。

　そのため、上記の事例冒頭のマサキの行為は、閲覧席に置いた手の位置も

159

両手を広げて置き、やや前かがみに体重を載せているものの、視線の高さは閲覧机のメンバーたちよりも高い（A・図1）。このマサキの行為は、自ら情報収集を行うという意味で主体的である。一方で、マサキが自身の論文執筆のために行った行為という点では、自己視点に基づく生徒の居方として捉えられる。また、説明するマサキの発話の語尾にも「の」と語りかけるような言い回しが用いられ（A）、一見すると、立ち寄った閲覧机で雑談が始まったかのようにもみえる。このマサキの言動から、最初から、クローン人間の倫理的問題について議論することが企図されていたわけではないことがわかる。

しかし、後半にかけて、話題はクローン人間の倫理的問題について議論へと展開していく。そして、そのための布石として、ここに至るまでにみられた、メディアとそれらが提供する情報を介したマサキと他者のつながりがあった。つまり、この事例はこの場面のみ単独で成立していたわけではない。この事例に示したつながりは、そこに至るまでのつながりが影響を及ぼしていると考えられる。

たとえば、この事例の冒頭にみえるマサキが紹介していたドリーのクローン実験の説明（A）には、まず以下に示す場面1のようなWEBページの情報を介した佐藤先生とのつながりが端緒にあることが窺える。

場面1〈1時間目〉

> マサキ　　：（タブレット型PCの画面を指して）まず…まず…これドリー誕生の実験て、これって〜ドリーを…クローン化させたってこと？　それで277分の1しかできなかったってこと？
> 佐藤先生：科学的なさ、学術的な、こう…信頼できるデータとかさ、出して…（中略）…いろんな情報を加えていったほうがいい

この切り取られた一場面だけでは把握することはできないかもしれないが、マサキがAのような説明ができるように至るまでには、この場面1の以外にも、メディアとそれらが提供していた情報を介した多様なつながりが存

在した。たとえば、このWEBページの情報は、佐藤先生のほかに、西山先生とのつながりにおいても、以下の場面2のようなやりとりがみられた。

場面2〈3時間目〉

西山先生：ほら！　たとえば、ここにクローンってこれだけ！　これぐらい読めない？「成功率ははなはだ低い。」って書いてある。「なぜだろうか。」って書いてあるじゃない？
マサキ　：それは、あれだよ！　テロメアがどんどん短縮、ちっちゃくなっていくと…細胞分裂していけないから
西山先生：ちゃんと読み取れたじゃない！　それだけちゃんと読み取れたならメモに書いていけばいい
マサキ　：ドリー、羊だから、羊実験、羊の…実験…これ〜分の1匹しか…（メモ用紙に「羊の実験」「277個の核と移植」と書き、ペン先で指す）
西山先生：そうそう！　自分なりで、そういう書き方いいと思うよ！

この西山先生とのつながりから、マサキがWEBページの情報を自分のわかる形で、整理していたことがわかる。そのうえで、理科の知識であるテロメアについて理解するために、場面3に示すような佐藤先生とのつながりが再度生起していた。

場面3〈4時間目〉

マサキ　：クローンを作るには、テロメアが長ければ長いほどいいってことじゃあないですか？
佐藤先生：なるほどね？　うんうん、短いと老化、それが時間を反映しているって書いてあるからね
マサキ　：めっちゃ長かったらー！（両手を左右に大きく広げながら）

161

第Ⅲ部｜ハイブリッドな主体、ハイブリッドな学び

>　　　　短くて—その核が１つ終わるだけだから…（両手の手のひら
>　　　　をすばやくピタリと合わせる）

　これらのつながりが、クローンの技術に関する知識について、マサキの理解を促していることが窺える。一方で、以下の場面4と場面5に示すように、クローン人間とその倫理的問題へと話題が展開していく端緒となる E のような説明については、西山先生との図書を介したつながりもみられた。

場面4〈5時間目〉

> マサキ　　：（西山先生が指さすドリーの写真を見て）わ！　こいつドリー!?
> 西山先生：そう、ほら！（「クローン羊」の見出しを指さす）
> マサキ　　：ていうことは、6年間半…7年間ぐらい生きたっていうこと？

場面5〈5時間目〉

> 西山先生：「普通の羊の寿命は」（「クローンてなんだろう」のページを開いてマサキに見せ、文字テキストを指さしながら読み上げ〈11〜12歳〉の文字のところで指を止める）
> マサキ　　：12年ぐらい生きれたっていうこと？　てことは、半分しか生きれなかったってこと？（疑問を口にした後、今度はマサキが自分で続きの文字テキストを読みあげる）「日本の体細胞クローン牛でも、うまれる前や直後に死んでしまう率が、ふつうの牛よりも4倍も高くなっています。羊や牛と同じ技術をつかって、人間のクローンをつくることも可能です。しかし人間が人間のクローンをつくりだすことには問題があるので、日本をはじめ多くの国で禁止されています。」
> 西山先生：問題点はなに？

第 7 章｜学校図書館において生じるリテラシー

> マサキ　　：（文字テクストから視線を外し、しばらく考え込む）
> 西山先生：ここにクローンの作り方も書いてあるけれど、それは、いいことなのか、悪いことなのかさっきマサキさんが話していたよね？　作ったほうがいいって。何で作ったほうがいいと思う？
> マサキ　　：めっちゃ死ぬけど…増やして、子どもを増やすとあれがなくなる！　なんちゃら少…

　また、西山先生だけでなく、クラスメイトとのつながりも存在していた。なお、こうしたクラスメイトとのつながりは、以下の場面 6 に示すように、マサキがメディアから得た情報を、他者に自分の言葉で率直に説明する機会をもたらしていたことがわかる。

場面 6 〈6 時間目〉

> マサキ：（文字テクストを参照しながら）ドリーはね、2003 年 2 月に肺がんで…死んじゃったんです。普通の羊は、12 年間生きられるのに、6 年間ぐらいしか生きられない…て、ことは、てことはですよ！　え？　これは、クローン…体細胞クローン牛…牛。ドリーっていうのは羊なんで、…その…テロメアっていうのが、短い。牛も、普通のやつが 12 年間だとすると、半分しかなかったっていうこと！
> ユウキ（仮名）：でもさ、クローンの技術って食うためにやってるんじゃあないの？
> マサキ：だから～大人食いたいじゃん！　大人まで育ってくれなかったら、結果、意味ないじゃん！

　さらに、これらのつながりは、単に、マサキがメディアから得た情報を自分の言葉で説明するためだけに機能していたわけではなかったことが窺え

163

る。たとえば、場面7に示すように、WEBページの情報と図書の情報を統合するクラスメイトとのつながりにも結びついていた。

場面7〈6時間目〉

> マサキ　：牛のクローンを作るときは、生まれる前と生まれた直後にその牛が死ぬ確率が…4倍も高くなるの！　ていうことは、死ぬっていうことは、テロメアが短いってことじゃん…短くなると細胞分裂できなくなって、死ぬの！　で、死ぬっていうことは細胞分裂できないからテロメアが短くなってるっていうことは生まれる前に…ていうことは…？　生まれる前に死ぬっていうことはどういうことなの？　生まれる前だよ？　腹で死ぬの？
> ミチタカ：（自分のお腹を軽く押さえて）死ぬよ…

　この場面7より、タブレット型PCと図書のメディアが提供する情報は、佐藤先生や西山先生、クラスメイトとのつながりを通して、初めてマサキが知識を習得し、再構築していくために相補的に機能していることがわかる。同時に、これらのつながりの場面から、マサキは、つながりを重ね、事例に示したクローン人間とその倫理的問題へと展開していく知識の基盤を予め構築していたことが窺える。

　また、動物でのクローン実験を人間に適用した場合について、すぐにマリが「ダメ」と非難の声を上げていた（Ⓒ、Ⓓ）。しかし続けて、クローン技術を人間に適用することは禁止されていることを理解しているマサキも補足説明していた（Ⓔ）。ここには、図書が提供する情報を介した西山先生とのつながりが及ぼした影響をみてとることができる。

　ここで着目したいのは、マリの「ダメ」という発話である。一見すると、マリの「ダメ」という発話は、主体的な意見として発せられたかのようにも捉えられる。しかし同時に、その価値判断は、たとえば、調べた情報を単に

伝達したにすぎないということも考えられる。あるいは、倫理的な価値観に照らし合わせ、社会的な望ましさから、クローン技術を人間に適用してはならないという否定的な立場を代表する客観的な意見を示しただけだという場合もあるだろう。その意味では、この時までは、マサキを含め、この閲覧机に集うメンバーにとって、メディアが伝達する情報は、同じ社会の中に身を置きつつも、どこか自分たちの生活とは切り離された別世界の出来事の単なる情報として受け止められていた可能性がある。

しかしこの直後に、どっちでもよいと言いつつも、クローン人間のメリットについて意見を求めたマサキにヒナが移植に関する情報をもたらした結果（F）、むしろ、クローン技術を人間に適用してはならない理由を自分たちで探究せざるを得ないという共同エージェンシーが機能する状況に至っている。このことは、それまで個別に学習に取り組んでいたミチタカが、つながりの中で生起した話題に関心を向けている様子からも窺うことができる（I）。そして、この共同エージェンシーを通して、マサキには、まず「クローンとして生まれてきた人」と誰かを想定した他者視点が取得されている（G）。その後さらに、マサキが、仮に自分がクローン人間だったとしたらと、クローン人間の問題を自分ごととして捉えたことが窺える（H）。

図1　自己視点に基づく生徒の居方

図2　共同エージェンシーの中で立ち現われた生徒の居方

　また、図2に示したように、この時のマサキの行為も、事例冒頭の時（図1）と比べて変化していることがわかる。具体的には、視線の高さが閲覧机に座るメンバーと同じ高さに揃い、閲覧席に置いた手もメンバーに近い位置に動かされている。このマサキの行為は、事例の冒頭よりも話し合いのプロセスで、議論がクローン人間の倫理的問題へと深まり、それに巻き込まれていることを示しているものと考えられる。いわば、共同エージェンシーの中で立ち現われた生徒の居方がマサキの身体を通して顕在化されたものとして捉えることができる。

　そして、こうしたマサキをめぐる多様なつながりを踏まえて生じた議論の意義は、探究学習の成果からも窺うことができる。以下に、論文の結論（一部抜粋）に示されたマサキの記述を示しておく。

> クローンを作る。この行為はすごくリスクが高いが、そのリスクを超えた分以上のプラスがあるだろう。禁止されているのは、わかっているが1度話すべきだと思う。この問題は基本的に理念の問題だろう。…（中略）…だが人間という理念そのものが完全に壊れるかもしれないのだ。

この結論の記述から、マサキは、クローン人間の技術面だけでなく、倫理面での課題を理解していたことがわかる。そのうえで、そのメリットとデメリットを天秤にかけ、5時間目のマサキの発話にその萌芽がみられた少子高齢化の社会問題の課題解決の1つの方法として、クローン人間の意義を主張する論文をマサキは書きあげていた。

3.3 共同エージェンシーによる知識の再構築

また、上記の事例では、マサキとのつながりをめぐる共同エージェンシーの中で、ヒナの生徒エージェンシーも同時に立ち現われていることがわかる。ヒナは、Aのマサキの説明に対し、同席していた2名の女子生徒と共に驚きの声をあげていた。このことから、同じくクローン人間をテーマとしていたヒナは、クローン人間の禁止についての情報Eについては知りえていなかったことがわかる。

しかし、多様なメディアが提供する情報を介して得た知識を得ていたマサキとつながることにより、ヒナもまたクローン人間に倫理的な課題があることに改めて気づいていた。そして、その気づきは、ヒナが、クローン人間をテーマとしつつも、最終的に倫理的な課題をテーマへと焦点を当て、論文を修正する契機となっていた。以上より、この事例は、メディアとそれらが提供する情報を媒介として、生徒がつながる共同エージェンシーの中にこそ、それぞれの生徒エージェンシーが相互に影響を及ぼし合いながら立ち現われてくることを端的に示している。

また、この事例にみられた情報は、検定教科書により得られた知識ではなく、生徒が探究学習の過程で、図書やタブレット型PCを介して主体的に知り得たモノであることは注目に値する。また、それらの情報が、マサキと他者のつながりという共同エージェンシーにより、生徒間の知識の習得や再構築に影響を及ぼしている点にも注意を払う必要がある。

この知識について、上述した理科の探究学習から4か月以上経過した時点で、筆者は、マサキに対してインタビュー調査を実施している。インタビュー調査の時点で、探究学習を通して自分に身についたものは知識であり、自身

の論文を参照すれば記述した内容を説明できるとマサキは語っていた。また、こうした知識をマサキが理解するために、上記の事例に示した通りに、クラスメイトとのつながりも鍵となっていたことが以下のマサキの語りから窺えた。

> もう自然に、ミチタカのところに行っちゃう。聞いたら！わかりやすく説明してくれるし、しかも、聞きやすいんですよ！　その…先生とかに聞くよりも聞きやすい？…(中略)…僕、いっぱい聞くんですよ！　とりあえず、で、わかんなかったら、すぐ聞くんでー、最初らへんでわからなかったら、説明してくれるんですよ、教えてくれる、で、それが理解できたらその後がどんどん理解できるようになる…です。

ただし、場面1～場面7に示したように、マサキは漠然とした質問を投げかけていたわけではなかった。つまり、マサキが他者に質問する際、マサキ自身が疑問としている点について、まず自分の理解やその状態を他者に開いていた。また、そのために、マサキは、質問の内容に応じて、質問する相手を、適宜選択していた。このことは、以下のマサキの語りにみられるように、マサキが知識を理解するために、他者とのつながりが重要な役割を果たしていたことを示唆している。

> 教室だと、その固定でやると…なんていうの？　周りの人が、さっきも言ってたんですけど限られちゃうじゃあないですか？　聞ける人が、で、僕とミチタカみたいな聞ける？　席が離れてたら聞けないんですよ、その近くじゃあないんで……(中略)…ネットがあっても、理解できないんですよ！　調べても…自分の語彙力理解力もないんで、わからないなって思って調べても調べたあと？が、わからないんで…

このようにマサキ自身がこの探究学習で得られたと認識する知識が、授業や教科書で得た既有知識と関係づけられながら、マサキが提出した論文に遺

伝子や DNA に関わる知識がどのように表れていたのかについて確認しておく。たとえば、「まず、私たちの体は細胞分裂をするごとに染色体の両端にあるテロメアという DNA の繰り返し配列が短くなってゆく。そのテロメアが短縮してしまうと、細胞分裂できなくなり死ぬ。テロメアの長さは細胞の費やした時間や老化を反映しているからだ。」という記述がみえる。

この遺伝子や DNA に関わる知識に関する記述は、上記の事例を踏まえると、単に、マサキが、暗記した教科書の叙述を記憶として再現したり、図書や Web ページの情報を書き写したりしたものではないことがわかる。むしろ、このマサキの記述は、探究学習の過程で、マサキが、メディアとそれらが提供する情報を介した佐藤先生や西山先生、クラスメイトとのつながりを通してマサキなりに再構築した知識であることを示していると考えられる。

4. 学校図書館が育むリテラシー

以上を踏まえて、本節では、学校図書館が育むリテラシーとは何かという点について考察してみたい。そのために、まず、本書の第 3 章の中で、石田が再定義したリテラシーについて改めて確認しておく。

> 自らの人生の主役となり、他者とともに自らの学習をつくっていく学習者観は、このような「動的」なリテラシー観と不可分の関係にあるはずだ。
> 今、あらためて、歴史や社会、文化に埋め込まれたものでありながら、社会のなかで人びとが協同して構築していくものとしてのリテラシーを捉え直す必要がある。

この石田のリテラシーの再定義は、学校図書館という名に冠される図書館が扱うのは、「常に評価の過程を動的に受け入れるオープン」な知識であるとする根本 (2019: 4) の指摘と重なり合う。これらの「動的な」リテラシー観は、相互に認知科学や図書館情報学という異なる学術基盤を背景としつつ

も、メディアが提供する情報を介して他者とつながる共同エージェンシーが生徒エージェンシーをいかに支えるのかという観点から学びを捉えようとする眼差しには共通するところがあるように思われる。

また、この視座においては、メディアが提供する情報は単なるモノではない。むしろ、人のつながりに影響を及ぼし、そのつながりにより、生徒の知識は再構築されていく。本章に示した事例は、そのことを物語っている。したがって、学校図書館は、館内にある図書とタブレット型 PC といった相補的に活用されるモノと、それらが提供する情報を共有する人の多様なつながりを促し、生徒の「動的な」リテラシーを育むことに寄与する可能性があるといえる。そして、これこそが、高度情報社会だからこそ、どのように社会に参画したり寄与したりする知識を構築するのかといった学び方を、メディアが伝達する情報を介した人のつながりの中で物理的な身体のリアルな感覚を以て学ぶということであり、学校図書館が育むリテラシーだといえる。

注

1　島崎藤村の『春』のタイトルの由来については、昭和 39（1964）年 10 月 16 日付けの神津猛宛書簡に、藤村自身が「伊太利の古家ボチチェリの圖に因みて「春」という簡単な題目を擇び申候。」と書いている。

2　島崎藤村の『春』の登場人物については、三好行雄の「人生の春」（1993：155）に示されているように、実際に藤村が関わった『文学界』刊行当時のメンバーが中心となっている。

3　OECD2030 プロジェクト（OECD（2030）Future of Education and Skills.）の OECD ラーニング・コンパス「学びの羅針盤 2030」の詳細については、以下の URL〈https://www.oecd.org/education/2030-project/about/E2030_Introduction_FINAL_post.pdf〉［閲覧日：2024.3.12］を参照。また、生徒エージェンシーの詳細は、以下の URL〈https://www.oecd.org/education/2030-project/teaching-and-learning/learning/student-agency/Student_Agency_for_2030_concept_note.pdf〉［閲覧日：2024.3.12］を参照。

4　日本の現行の学習指導要領では、「探究的な学習」と示されているが、これに類似する学習として、ダーリング・ハモンド（Darling-Hammond2017, 2008：

30–52)は、「問題に基づく学習(Problem-Based Learning)」、「プロジェクトに基づく学習(Project-Based Learning)」、「デザインに基づく学習(Design-based learning)」の3つから整理している。この他にも、「調査に基づく学習(Researched-Based Learning)」(Alismail, Halah Ahmed and McGuire, Patrick 2015)や「探究に基づく学習(Inquiry-based learning)」(Cassinelli 2018)、「探究学習(Inquiry learning)」(Kuhlthau, Maniotes, and Caspari 2007)といったさまざまな名称で行われる学習がみられる。これらの学習は、具体的な目標や活動内容は異なるものの、いずれも知識の活用を重視している点では共通しており、新学習指導要領解説(文部科学省 2017)においても、学校図書館の図書やインターネットの情報資源を利活用して探究学習を行うよう示されている。そこで本稿では、学校の設備として、事例に示したネットワーク回線に接続されているタブレット型PCや学校図書館の図書をはじめとする情報資源を利活用し、生徒が多様な知識と接し、自身で設定した課題から知識を再構築する学習という意味で、探究学習とした。

参考文献

Ahmed, Alismail Halah., and Patrick, McGuire (2015) 21st Century Standards and Curriculum: Current Research and Practice. *Journal of Education and Practice*, 6 (6): 150–154. CARI Journals USA LLC.

秋田喜代美(2023)「国際的な動向から見た授業研究と教師教育の展望と課題」日本教育方法学会編『教育方法52:新時代の授業研究を学校間連携の新展開』pp.10–23. 図書文化社

新居池津子(2021)『中学校学校図書館における生徒の居方に関する検討』風間書房

新居池津子(2023)「電子メディアと印刷メディアでは生徒の読書行為はどのように異なるのか―中学校の授業における指さしと注視に着目して」『読書科学』64(3・4):194–206. 日本読書学会

新居池津子(2024a)「中学校で行う「総合的な学習の時間」のあり方に示唆をもたらす探究学習に関する検討―学習過程における生徒の主体的・対話的で深い学びに着目した事例分析」『清泉女子大学教職課程紀要』第7号

新居池津子(2024b)「情報活用能力を育成する教育方法の検討―ICTと教材の情報を主体的に活用する中学生の映像データに基づく事例分析」『清泉女子大学教職課程紀要』第7号

Cassinelli, Colette. (2018) *Inspiring curiosity: Alibrarian's Guide to Inquiry-Based Learning*. International Society for Technology in Education.

ダーリング・ハモンド,L. 深見俊崇編訳(2017)『パワフル・ラーニング―社会に開

かれた学びと理解をつくる』北大路書房（Darling-Hammond, Linda, Barron, Brigid, Person, P. David, Schoenfeld, Alan A., Stage, Elizabeth K., Zimmerman, Timothy D., Cervetti, Gina N., and Tilson, Jennifer L. (2008) *Powerful Learning*. Jossey-Bass.

木村優・一柳智紀（2022）「解放と変革の力としてのエージェンシーを再考する」『教師教育研究』(15): 411–418. 福井大学大学院 福井大学・奈良女子大学・岐阜聖徳学園大学 連合教職開発研究科

Kuhlthau, Carol Collier., Maniotes, Leslie Kuhlthau., and Caspari, Ann K. (2007) *Guided Inquiry: Learning in the 21st Century*. Library unlimited.

三好行雄（1955）「島崎藤村の春―島崎藤村論ノオトー」『文学』9月号初出；三好行雄（1993）「人生の春」『三好行雄全集第一巻』pp.145–173. 筑摩書房

根本彰（2019）『教育改革のための学校図書館』東京大学出版会

根本彰（2022a）「戦後新教育における初期図書館教育モデル」*Library and Information Science*（88）: 1–21. 三田図書館・情報学会

根本彰（2022b）「文部省実験学校における図書館教育」『図書館界』74（5）: 252–264. 日本図書館研究会

島崎藤村（1968）『藤村全集第17巻』pp.126–128. 筑摩書房

島崎藤村（1950）『春』p.13. 新潮社

鈴木毅（1994）「人の「居方」からみる環境（アフォーダンス―反デカルトの地平〈特集〉）」『現代思想』22（13）: 188–197. 青土社

WEBページ

文部科学省（2017）「中学校学習指導要領（平成29年告示）解説総則編」『文部科学省』文部科学省〈https://www.mext.go.jp/component/a_menu/education/micro_detail/__icsFiles/afieldfile/2019/03/18/1387018_001.pdf〉2024.3.12

文部科学省（2020a）「GIGAスクール構想の実現標準仕様書」『文部科学省』文部科学省〈https://www.mext.go.jp/content/20200303-mxt_jogai02-000003278_407.pdf〉2024.3.12

文部科学省（2020b）「GIGAスクール構想の実現へ」『文部科学省』文部科学省〈https://www.mext.go.jp/content/20200625-mxt_syoto01-000003278_1.pdf〉2024.3.12

多田富雄「クローン問題と生命の倫理」『エンサイクロペディア　空海ナビゲーションサイト』密教21フォーラム〈http://www.mikkyo21f.gr.jp/world-objection/cat43/post-181.html〉2024.1.12

付記
　本稿は、新居（2024a, 2024b）において用いた調査データの一部を利用し、それを再分析したものである。また、ご協力くださいました学校の皆さまに心から感謝申し上げます。

第8章 ハイブリッドな集合体という視点

青山征彦

> 教師と児童生徒は、拍手における右手と左手である。
> 拍手の音はどちらの手のひらから出ているか？
> 今その場で、拍手をしてみて、確かめてもらいたい。
> よく見て、よく聴いて、何度も繰り返して、確認してみよう。
> 拍手の音声は右手からも左手からも鳴ってはいない。
> 拍手の音声は右手と左手の関係の効果として一体として空気を震わす。
> 　　　　　　　　　（有元典文「教育におけるパフォーマンスの意味」）

1. 関係論という方法

　教師にも生徒にも、お互いにお互いが必要だ。なぜなら、誰もいない教室では、教師は教えることができないからである。話を聞いてくれる生徒がいて、はじめて教師は教えることができる。生徒も同様だ。生徒が生徒でいられるのは、誰かが教えてくれるからであって、教師のいない空間では、生徒は生徒ではなく、ただその人であるはずだ。

　こうした見方のことを、関係論と呼ぶ。教師、生徒といったカテゴリーが、最初から実在していると考えるのではなく、教室という空間の中で、教師が教師であることを生徒が可能にし、生徒が生徒であることを教師が可能にしていると考えるのが、関係論という見方である。冒頭の文章は、右手と左手が合わさってはじめて拍手になるように、教師と生徒とは教室という空

間を作り上げるうえで切り離せない存在であることを説いている。関係論というものの見方を鮮やかに表現していて、見事というしかない。

　本章では、このように人間という存在を関係論的に捉えるとはどういうことかを考えてみたい。具体的には、「ハイブリッドな集合体（hybrid collectives）」という、アクターネットワーク理論という社会学の理論をベースにした概念を検討しながら、私たちが私たちであるということ、そして私たちが言葉を用いるということについて、関係論的に考え直してみたい。

　これらの問いは、一見すると頭でっかちな、実践とは関係のない問いに見える。人によっては、机上の空論のように思うかもしれない。しかし、実際には、あなたが世界をどのように見るか、そしてどのように実践をするかということに、深く関わる。

　たとえば、「主体的・対話的で深い学び」という学習指導要領の表現は、児童や生徒が主体的であることを求めている。この「主体的」という表現は、具体的にはどういうことを指すのだろうか。主体的という言葉からは、自分から積極的に行動することを勧めているように思われる。そこには、誰かと協力することや、誰かと助け合うというニュアンスは、あまり感じられない[1]。

　一方、関係論的な視点からは、主体的であるということは、他者との協力なしにはあり得ない。私たちが主体的であるということは、私たちが他者やモノとつながりあって、はじめて可能になると考えるからだ。

　そこで、本章では、関係論という視点から、私たちの主体性や、本書のテーマでもある言葉の学習について考えてみたい[2]。

2. ハイブリッドな集合体—アクターネットワーク理論における主体性

2.1 「ハイブリッドな集合体」としての主体性

　まず、ハイブリッドな集合体という概念について紹介しよう。この概念は、フランスの社会学者であるミシェル・カロン（Michel Callon）が提示し

たものである。カロンは以下のような例を示している。

> 私が東京から京都にドライブしようとして日産車のイグニッション・キーを回すや否や、私は次のようなもの全てを動員することになる：車をデザインしたエンジニア、材料の抵抗を調べた研究者、中東の砂漠を探索し石油のために掘削を行った会社、ガソリンを生産する精製所、高速道路を建設しメンテナンスをする土木建設会社、私に運転を教えたドライビング・スクールとその先生、交通法規を創案し発行した政府、法規を強いる警察官、私に責任と向き合うことを援助する保険会社。イグニッション・キーを回し、東京から京都へドライブするという簡単な行為は、東京から京都へ私を運ぶという行為と関係する人間および非人間物の拡張されたネットワークを動員する。つまり、私が車を運転するという行為は集合的なのだ。
>
> （Callon 2004；訳はカロン（2006）による）

　当たり前のことを言っているように見えるかもしれない。車を運転する時に、車がなければならないのも、道がなければならないのも、どう考えても当たり前だ。しかし、車を運転するという行為を考えるとき、もし車がなければ、道がなければ、あなたは車を運転する主体になることすらできない、という指摘は、主体性が人間だけで完結しないものであることを鋭く示している。
　もちろん、話は車に限らない。たとえば、あなたはスマートフォンを使ってさまざまなことをしているだろう。すてきなスイーツの写真を撮ってSNSに投稿したり、他の人の投稿した動画を見たりする。スマートフォンで小説やマンガを読むこともめずらしくないし、電車やバスの運賃をアプリで支払うのも一般的になりつつある。そうしたことのすべては、私たち一人ひとりの力によってなされているわけではない。スマートフォンの部品を作った人、それらを組み立てた人、ネットワークを維持している人、サービスを開発、運営している人といった、さまざまな人とのネットワークの上でし

か、私たちはスマートフォンでこうしたことを行えないはずだ。

　さらにいうと、スマートフォンでスイーツの写真を撮りたいと思うのは、その写真をスマートフォンに保存しておきたいとか、SNSにアップしたいと考えてのことかもしれない。その意味で、私たちの欲望もまた、スマートフォンやSNSとは切り離せない。

　このように考えると、私たちが車を運転したり、スマートフォンを使ったりする「主体的」な行為は、人間だけでは成り立たないものであることが分かるだろう。一見すると人間は主体のように見えるかもしれないが、その主体性はさまざまな人やモノのネットワークに支えられている。ハイブリッドな集合体とは、そのようなネットワークに支えられた主体性を指す概念である。つまり、ある人の内側に主体性があると考えるのではなく、ある人がつながっているネットワークが主体性を生み出していると考える。そのネットワークには、人間だけでなく、モノもつながっている。だから人間とモノの複合体＝ハイブリッドと呼んでいるのである。

　このように、アクターネットワーク理論では、人間のなかに主体性があるとは考えない。主体性とは、人間（human）と、非 – 人間（non-human）とが織りなすネットワークの中で生み出されるものであり、人間だけでは主体性は発揮できないのである。このように考えると、人間も、車やスマートフォンのような人工物も、ネットワークを形成する要素という点では違わない。たとえば、カロンは、フランスでのホタテ貝の養殖について分析した論文で、ホタテを人間と同様に位置づけて論じている（Callon 1984）。アクターネットワーク理論では、ネットワークを構成する要素をアクターと呼び、車やスマートフォン、ホタテのような人間ではないもの、非 – 人間もアクターとして捉える。アクターネットワーク理論の核となる主張は、このように人間と非 – 人間とを同じようにアクターとして扱う点にある。

2.2　社会をどのように見るか―アクターネットワーク理論の見方

　アクターネットワーク理論の重要な主張をもう一つ紹介しよう。カロンとともにアクターネットワーク理論をリードしてきたブリュノ・ラトゥール

(Bruno Latour)は、社会学には2つのアプローチがあると述べている(ラトゥール 2007)。1つは、社会的なもの(ザ・ソーシャル)の社会学である。これは、社会をはじめとする社会的まとまりを議論の出発点にするアプローチである。たとえば、社会的な文脈が科学や芸術に与える影響を論じる、というものである。従来の社会学はこのアプローチを採る。

それに対して、ラトゥールが2つ目のアプローチとしてあげるのが、連関(アソシエーション)の社会学である。社会的なものの社会学では、社会的まとまりがあることを前提にしてものごとを説明しようとしていたが、連関の社会学では、社会的まとまりがどのようにして作られていくのかを見ようとする。つまり、このアプローチでは、社会的まとまりは出発点ではなく終着点である。カロンやラトゥールが推進してきたアクターネットワーク理論はこのアプローチによる。

つまり、アクターネットワーク理論は、社会があることを前提として、そこから議論を始めるのではなく、社会が作られていくプロセスを捉えようとする点で、従来の社会学とは正反対の方向にある。そして、社会が作られていくプロセスを見るには、アクターが何をしているのかを丹念に追いかける必要がある。アクターネットワーク理論について、伊藤(2019)は、「ラトゥールらは、(略)新たな社会科学の理論をまとめ上げる。それが「自然」も「社会」も前提にせず、エージェンシー(行為を生み出す力)をもたらす万物の連関を「アクター自身にしたがって」丹念にたどろうとするアクターネットワーク理論(ANT)である」(伊藤 2019: 519)と述べている。簡潔なまとめだが、要点がよく押さえられている。

このように、アクターネットワーク理論は、人間と非 – 人間を区別せずにアクターとして扱い、それらのアクターがどのように連関しているのかを丹念にたどることで、社会がどのように作られているのかを解き明かそうとする。アクターネットワーク理論の立場からは、社会は関係の網の目である。どのような社会であるかは、網の目をたどって理解するしかない。そのアプローチは、関係論そのものであると言ってよい。

ハイブリッドな集合体という概念についても、同じことが言える。私たち

は、さまざまな人やモノと結びついているのだから、私たちの行為を理解するには、私たちが何と結びついているかを見なくてはならない。人間である私たちの内側に主体性を閉じ込めるのではなく、私たちとさまざまな人やモノとがつながりあって作るネットワークを見る必要がある。そして、主体性は、そのネットワークによって生じている、というのがハイブリッドな集合体という概念が伝えたいことなのである。

3. 言葉を学ぶということ

3.1 関係の中にある言葉—社会文化的アプローチによる理解

　ここまで、ハイブリッドな集合体という概念や、その背景にあるアクターネットワーク理論について検討することによって、私たちの主体性はさまざまな人やモノとのネットワークによって生じている、という関係論的な見方について考えてきた。

　このように考えると、言葉もまた、私たちとつながりあっているさまざまな要素の1つであると言えるだろう。逆に言えば、言葉は私たちとつながりあうことで、言葉になるとも言える——なぜなら、言葉は人間が使ってはじめて、言葉としての意味を持つのだから。そして、私たちもまた、言葉とつながりあうことで、私たちになるとも言えそうである——なぜなら、言葉がなければ、私たちは気持ちを伝えることも、ものを考えることもできないのだから。

　こうした人間と言葉との関係を考えるうえでヒントを与えてくれるのが、社会文化的アプローチの考え方である。ロシア（旧ソヴィエト）の心理学者であるヴィゴツキーに端を発する社会文化的アプローチは、100年以上の歴史を持つ心理学の流派だが、現在の主流となっている心理学とはまったくと言っていいほど違う見方に立つ。

　たとえば、主流の心理学では、言語発達とは子どもが言葉を覚えることであり、そのために子どもがどれくらい言葉を覚えたのか、どのような能力を持っていたり、どのような条件を満たしたりしている必要があるのかを研究

しようとする。対照的に、社会文化的アプローチでは、言語発達は子どもが大人や年長の子どもとの相互作用の中で言葉の使い方を身につけていくことであると考える。そのため、子どもと周囲の人たちとのあいだで、どのような相互行為が生じるのかを研究する。ヴィゴツキーによれば、3歳くらいの子どもが、自分にしか聞こえないような発言をする自己中心的言語は、他者に向かって話す言葉である外言が、自分の中に採り入れられて頭の中で使える言葉である内言になっていくプロセスの現れである（ヴィゴツキー 2001）。

　このように、社会文化的アプローチは、人間を関係論的に理解しようとする点に特徴がある。その特徴を最もよく示すのが、発達の最近接領域（Zone of Proximal Development）という概念である。この概念は、社会文化的アプローチにとって最重要の概念であると言って過言ではない。たとえば、子どもが、まだ自分1人では登れない木に、大人や年長の子どもに手助けしてもらって登れたとする。それは、まだ1人ではできないことを、先取りして体験することになる。つまり、未来の自分、今はまだ到達していない「木に登れる自分」を体験できるというわけである。このような体験が子どもの発達を促すことになると、ヴィゴツキーは考えた（ヴィゴツキー 2001: 297）。

　近年、この発達の最近接領域という概念を新たに解釈して注目されているのが、ロイス・ホルツマン（Lois Holtzman）である。発達の最近接領域の「領域」と訳されている部分は、英語では「zone」にあたる。「領域」は、ヴィゴツキーにとっては「子どもの中でまさに発達しようとしている部分」という意味であった。一方、ホルツマンは、「領域」を「場」と読み替えた。つまり、「まさに発達が生じようとしている場」として捉え直したのである。そして、そのような「場」を作り出すことによって、人びとが発達する機会を作り出すことができると論じた。

　以下は、ホルツマンが、子どもが言葉や踊りを学ぶ場について述べたものである。子どもの頭の中に言及するのではなく、子どもがどのような場で育つかを論じている点に注目してほしい。

> 確かに幼児はまだ、話すやり方、読むやり方、踊るやり方を知らないかもしれない。しかし、彼らと共にいる人びとがそのやり方を知っている。さらにその人びとは、単に自分たちだけで話し、読み、踊るのではない。彼らは、そのまだ何もやり方を知らない幼い存在が、彼らと一緒に話し、読み、踊るよう励まし、たとえまだやり方を知らなかったとしても、話者や作家、ダンサーとしてパフォーマンスし、遊ぶよう励ますのである。私は、発達の最近接領域は、人びとが、なりつつある何者かへと発達していくやり方、時間、場所にほかならないと考えている。それらは、今ある自分ではない誰かをパフォーマンスすることによって自分という存在になっていく空間であり、活動なのである。
>
> （ホルツマン 2019: 21）

たとえば、幼い子どもが、単語も文法もない、音のかたまりのような声を出したとしよう。幼い子どもにとって、「今ある自分」は、そうすることしかできない存在である。しかし、大人や年長の子どもは、その声を呼びかけの言葉として受け止めて、「おなかが減ったのね？」と応えたりする。そうすることで、まだ話せないこどもを、会話ができる人として扱うのである。このようにして、幼い子どもは「今ある自分ではない誰かをパフォーマンス」することができる、というわけである。子どもは、言葉を覚えてから話すようになるのではない。言葉を覚える前から話そうとする。まだ形にならない言葉を、言葉として受けとめる周囲の存在が、音のかたまりを言葉にする。

ヴィゴツキーも、ホルツマンも、子どもが言葉を学ぶということが、周囲の大人や年長の子どもに支えられて可能になる点に注目している。別の言い方をすると、言葉を学ぶ子どもだけを見るのではなく、その子どもにつながるさまざまなつながりのなかで、言葉は学ばれていくと捉えている。こうした関係論的な捉え方は、ハイブリッドな集合体という概念やアクターネットワーク理論とも通ずるところがあると言えるだろう。

3.2　書き言葉と社会参加—パウロ・フレイレと文化サークル

　私たちは、言葉とつながりあうことによって、さまざまなことができるようになる。たとえば、誰かと話し合うことができるのは言葉のおかげである。明日の予定を頭の中で考えたりすることも、言葉がなかったらできないことだろう。これらは話し言葉によって可能になる。

　さらに、書き言葉を覚えることで、社会とつながりを持つことができるようになる。このことを重視したのが、教育学者のパウロ・フレイレ（Paulo Freire）である。集団で言葉を学ぶ、というテーマの本書にとって、フレイレは間違いなく最重要人物の 1 人である。

　フレイレは、文字の読み書きを知らない人が多かった当時のブラジルの農民に対する識字の指導でよく知られている。彼は、地域の農民を集めて文化サークルという集団を組織し、彼ら彼女らが普段、よく用いている言葉や、よく見ている事物をきっかけとして用いながら、社会について議論することをとおして文字を身につけていくというアプローチを展開した。つまり、農民は文字を覚えるだけでなく、その学びをとおして社会について語ることができるようになる、というしくみである。言い換えれば、社会について語るためには、文字を学ぶことが欠かせないと考えているのである。

　このような教え方、学び方の背景には、フレイレの教育思想がある。フレイレは、従来の学校教育は銀行のようになっていて、生徒は貯金箱、教師は預金者になっている、と考えた。このような銀行型教育は、知識は教師から生徒に詰め込まれるものだ、というメッセージを生徒に与えてしまう。フレイレは、この点について「知識を詰め込めば詰め込むだけ、生徒は自分自身が主体となって世界にかかわり、変革していくという批判的な意識をもつことができなくなっていく」（フレイレ 2018: 135）と批判している。つまり、銀行型教育は、自分が学び手であり、社会を変革する担い手だという意識を持ちにくくさせている、というわけである。そのため、文化サークルの実践においても、知識の詰め込みではない方法で、農民自身が社会を変革していくことを意識しながら学ぶことを重視した。

　このように考えると、言葉を学ぶことによって、今までは読めなかった本

や文書が読めるようになるということは、農民たちの社会参加そのものであると言えるだろう。言い換えると、農民たちは、書き言葉によって、それまではつながることのなかった社会につながる道を獲得したのだ。ここまでに見てきたハイブリッドな集合体という概念やアクターネットワーク理論の観点からは、書き言葉と結びつくことによって農民たちにできることが増えていく、新たなつながりによって農民たちが変わっていく、と考えることができるだろう。

4. ハイブリッドな存在としての言葉

　ここまで、言葉を学ぶということは、子どもや農民といった学ぶ人だけでなく、その人の周囲の人びととも結びついたハイブリッドな集合体によって可能になることを見てきた。一方、言葉もまた、ハイブリッドな存在である。私たちは、話し言葉と書き言葉、共通語と方言など、性質の異なる言葉を組み合わせて用いているし、外来語という表現は、日本語の中に他の言語が入り込んでいることを示している。

　そうしたハイブリッドな言葉として、ここではピジン言語について考えてみたい。ピジン言語とは、複数の言語がミックスした言語のことを指す。たとえば、太平洋戦争後の日本では、米軍の関係者と日本人とのあいだで通じる、日本語と英語の混ざりあった言葉が使われていた。代表的なものとして浜松ピジンがある。ピジン言語はめずらしい現象ではなく、日本では早くから外国人が居住した横浜で用いられていた横浜ピジンや、小笠原諸島で用いられているボニン・イングリッシュの例が知られている（マーハ 2004，ロング 2007）。

　近年、注目されているのが、日本語と韓国語の混ざりあった日韓ピジンと呼ばれる言葉である[3]。たとえば、日本の若者によって使われている「チンチャそれな」という表現がある。「チンチャ」は韓国語で「本物」という意味で、「本当にそう」という意味になる。このように韓国語が用いられる背景には、K-POPをはじめとする韓国文化の流行があるのだろう。他にも、

「やばいンデ」(ンデは韓国語で「なんだけど」といった意味)という例が知られている。こうした日韓ピジンは、日本人と韓国人との交流が盛んになってきたという環境の変化から生じていると考えられる。

　環境の変化によって新しい言葉が生まれてきた例をもう一つ挙げよう。近年、情報通信技術が急速に発達するなかで、話し言葉、書き言葉に加えて、「打ち言葉」という概念が現れつつある。文化庁は「携帯メールやSNSなどを用いた私的場面における頻繁で短い言葉のやり取り」で用いられるような、くだけた話し言葉的文体の書きことばを「打ち言葉」としている。文体に加えて、絵文字や顔文字、「うp」(Upの打ち間違いからアップロードの意味)といったネットスラングも用いられる(文化庁2017)。

　このような新しい言葉の出現は、携帯メールやSNSといった新しい環境にあわせて、私たちが新しい言葉の使い方を発達させてきたことを物語っている。たとえば、絵文字が発達することによって、絵文字を用いることを前提としてメッセージを送るようになるといったように、新しい言葉の使い方が、私たちのあり方を変化させていく。人間と言葉の関係は、つねにダイナミックに変化していくのである。

5.　ハイブリッドという視点の意味

　ここまで、私たちも言葉もハイブリッドな存在であることをみてきた。人は、言葉とつながることによって、コミュニケーションや思考ができ、社会につながることもできるようになる。言葉も、人が使ってはじめて、言葉になる。私たちと言葉とは、別々のものではなく、互いに互いを支え合っている関係にある。教師と児童生徒がそうであるように、人と言葉もまた、右手と左手の関係にある。

　このような見方は、ごく当然のものにように思われるかもしれないが、当然のことではない。今日の主流となっている心理学は、人間が言葉を徐々に覚えていくプロセスに注目することで、あたかも人間は入れ物であり、そこに言葉に関する知識が蓄積されるというように考えてきた。そこでは、個人

の内部が注目されていて、いわば人間は閉じた存在として考えられてきた。フレイレが銀行型教育と呼んで鋭く批判したのは、まさにこのような考え方である。彼は、人間をまるで知識を蓄える入れ物であるかのように考えるのは問題だと考えていた。

　一方、本章でハイブリッドな集合体という概念や、アクターネットワーク理論を補助線としながら示したのは、別の見方である。人間という存在を他から切り離されたものとして見るのではなく、他の人や言葉とつながった存在として見ること。言葉もまた、他の言葉や、人とのつながりの中にあるものとして見ること。ヴィゴツキーやホルツマン、フレイレが示してきたのは、そうした関係論的な見方であるように思われる。

　とはいえ、主流になっている考え方を捨て、別の見方に立つのは容易なことではない。そうまでして、なぜ関係論的な見方をする必要があるのか、従来の見方ではなぜいけないのか、という点について、最後に筆者なりの回答を示したい。

　まず、関係論的な見方は、私たちの現実をよく捉えている、というのが1つ目の理由である。スマートフォンに限らず、私たちの毎日の生活は、どう見ても私たち自身だけで成り立っていない。さまざまな他者、さまざまな人工物とのつながりがなかったら、私たちは生きていけないのだから、そうした関係を議論の出発点にすべきだろう。

　2つ目の理由は、現在の主流の心理学は個人の内側に注目してしまうために、何かの問題が生じている原因を、どうしても個人の内側に求めがちになるということである。もし、個人の外側、その人がつながっているネットワークに問題がある、と考えることができたら、多くの問題は個人の問題ではなくなる。それは極端な見方ではなく、むしろ現実をよく捉えたものだろう。

　3つ目の理由は、人間がさまざまな他者や人工物とつながっているというハイブリッド性に注目することで、現実を変えていく可能性を考えやすくなるからである。日韓ピジンや打ち言葉のような現象は、人間がつながりの中で生きていることの証拠だが、同時に、環境に応じて私たちが言葉を作りか

える可能性を示している。

　人と言葉は互いを支え合う右手と左である、という見方は、シンプルな話のようでいて、奥が深い。人も、言葉も、ハイブリッドな存在であり、さまざまなものとのつながりの中にある。こうした関係論的な見方は、私たちが人間をどう見るか、世界をどう見るかを、アップデートするだろう。

注
1 　主体的、という言葉に対応する英語表現は、必ずしも1つではない。たとえば、学習指導要領における「主体的、対話的で深い学び」の英訳は "proactive, interactive and authentic learning" である。「主体的」に対応する "proactive" とは、このあとどうなるかを考えて対策しておくといった意味の言葉であり、日本語からイメージされる「自分から進んで取り組む姿勢」とはニュアンスが異なる。また、OECDのラーニング・コンパスや、アクターネットワーク理論などで用いられるのは "agency" という表現であり、行為主体性と訳されることが多い。ラーニング・コンパスでは、生徒が社会的文脈の中で自ら考えて行動することを指すが、アクターネットワーク理論で用いられる場合には、生徒個人にエージェンシーがあるとは考えないため、やはり「自分から進んで取り組む姿勢」とは異なる。
2 　主体性をめぐる議論としては、青山 (2022)、有元・岡部 (2013)、井谷 (2019) などを参照のこと。
3 　たとえば、「韓国・日本の10代が使ってる「日韓ミックス言語」を知ってますか」〈https://gendai.media/articles/-/70450〉を参照のこと。

参考文献
青山征彦 (2022)「マルクス・レーム—非‐人間とネットワークする身体」山本敦久編『アスリートたちが変えるスポーツと身体の未来—セクシュアリティ・技術・社会』pp.89–109. 岩波書店
有元典文 (2019)「教育におけるパフォーマンスの意味」香川秀太・有元典文・茂呂雄二編『パフォーマンス心理学入門—共生と発達のアート』pp.141–159. 新曜社
有元典文・岡部大介 (2013)『デザインド・リアリティ[増補版]—集合的達成の心理学』北樹出版
Callon, M. (1984) Some elements of a sociology of translation: domestication of the

scallops and the fishermen of St Brieuc Bay. *The Sociological Review*, (32), S1: 196–233. New York: SAGE.

Callon, M. (2004) The role of hybrid communities and socio-technical arrangements in the participatory design.『武蔵工業大学環境情報学部情報メディアセンタージャーナル』(5): 3–10.

カロン，ミシェル　川床靖子訳（2006）「参加型デザインにおけるハイブリッドな共同体と社会・技術的アレンジメントの役割」上野直樹・土橋臣吾編『科学技術実践のフィールドワーク―ハイブリッドのデザイン』pp.38–54．せりか書房

フレイレ，パウロ　三砂ちづる訳（2018）『被抑圧者の教育学―50周年記念版』亜紀書房（Freire, Paulo. (2018) Pedagogy of the oppressed 50th Anniversary Edition, New York: Bloomsbury.）

ホルツマン，ロイス　大塚翔・石田喜美訳（2019）「レフ・ヴィゴツキー―愛しき革命家」香川秀太・有元典文・茂呂雄二編『パフォーマンス心理学入門―共生と発達のアート』pp.15–27．新曜社

井谷信彦（2019）「遊びで満たされた学びの舞台？　主体性の育成とパフォーマティブな学び」尾崎博美・井藤元編『ワークで学ぶ教育課程論』pp.243–255．ナカニシヤ出版

伊藤嘉髙（2019）「訳者あとがき」ラトゥール，ブリュノ　伊藤嘉髙訳（2019）『社会的なものを組み直す―アクターネットワーク理論入門』pp.517–524．法政大学出版局

ラトゥール，ブリュノ　伊藤嘉髙訳（2019）『社会的なものを組み直す―アクターネットワーク理論入門』法政大学出版局（Latour, B. (2007) *Reassembling the Social: An Introduction to Actor-network-theory*. Oxford: Oxford University Press.）

ロング，ダニエル（2007）「小笠原諸島に見る言語接触の重層化」『月刊言語』36(9): 24–31．大修館書店

マーハ，ジョン C.（2004）「日本におけるピジン・クレオール言語の歴史」『国際基督教大学学報．I―A，教育研究』(46): 173–185．国際基督教大学

ヴィゴツキー，レフ S.　柴田義松訳（2001）『思考と言語』新読書社（Выготский, Лев Семенович. (1956) Избранные Психологические Исследования. Москва: Издательство Академии педагогических наук РСФСР.）

WEBページ

文化庁・文化審議会国語分科会「分かり合うための言語コミュニケーション（報告）」〈https://www.bunka.go.jp/seisaku/bunkashingikai/kokugo/hokoku/wakariau/index.html〉2024.1.21

第 9 章 | 「つながりの学習」が示す視点と集団の学び・集団の言葉の学び

宮澤優弥

> 少女等の生活からは、どの扉も
> 詩人へ通ずる。
> それから世界へ。　　　　　　　　　　　　　　　　　（リルケ「少女」）

1. 学習者を共同的な存在として捉える

1.1　OECD ラーニング・コンパスと共同的なエージェンシー

　OECD が 2015 年に立ち上げた「OECD The Future of Education and Skills 2030 プロジェクト」（以下、Education2030 プロジェクト）では、成果の 1 つとして 2019 年にコンセプトノートが提示され、その中で「OECD ラーニング・コンパス（学びの羅針盤）」（以下、ラーニング・コンパス）という概念図（図 1）が示された。

　このラーニング・コンパスの内容が、2017 年、2018 年改訂の学習指導要領と関連性・類似性を持っていることは広く知られている事実である（白井 2020）。くわえて、2023 年 6 月に閣議決定された第 4 期教育振興基本計画には、このコンセプトノートの内容や、ラーニング・コンパスに関する言及が散見される。Education2030 プロジェクトの成果がこれからの教育政策に大きな影響を与えることは想像に難くない。

　変化しやすく、不確実で、複雑で、曖昧な時代や社会を念頭において提案されたこのラーニング・コンパスという学習の枠組みには、重要で中核的な

概念として生徒エージェンシー（Student agency）が提起されている[1]。このエージェンシーは「変化を起こすために、自分で目標を設定し、振り返り、責任をもって行動する能力」[2]として定義され、概念図においては「コンパスを持ち、目的地に向かって歩く人」（柄本 2021: 42）の姿で示されている。柄本（2021: 42–43）が説明するように、コンパスとは、人びとが複雑化する世界を生き抜き変革するために必要なコンピテンシーを比喩的に示したものであり、「コンパスを持ち歩く人」が目指すべき目的地とは、個人と社会がウェルビーイングな状態にあることを比喩的に示したものである。子どもがコンピテンシーを用いながら、ウェルビーイングを目指して活動する姿が生徒エージェンシーであるといえる。

そしてこの概念図には、「仲間や教師、親、コミュニティの人々」も描かれている。ラーニング・コンパスで描かれ想定されている学びの姿は、一人ひとりで学び、歩いていく姿ではない。社会的な文脈の中で、周囲との関係性の中で生徒エージェンシーを学び、育み、発揮していく姿が想定されている。他者との関係を学ぶ姿、他者との関係の中で成長していくことが「共同エージェンシー（Co-agency）」という概念で示されている。

Education2030 プロジェクトで提唱されている周囲との関わりの中で発揮されるエージェンシーは、自律的個人という近代的主体像と単純には一致しない（木下 2023: 21）。OECD のコンセプトノートや、ラーニング・コンパスから見て取ることができるのは、「学習者を共同的な存在として」捉えることが強調されている、という点である。Education2030 プロジェクトの成果がこれからの教育政策に影響を及ぼすことを念頭におけば、今後の学習の姿を考える際、学習者を共同的な存在として捉えることは避けることができないだろう。

1.2　「つながりの学習」という立場・視点

ただ、これまで見てきた Education2030 プロジェクトの未来像が、教室などにおいて展開される具体的な学びという行為を見て取り、支援する際に

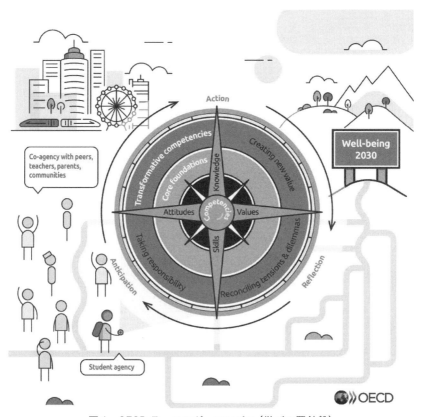

図1　OECD ラーニング・コンパス（学びの羅針盤）

万能なものであるとは限らない。なぜならば、Education2030 プロジェクトで示されているのは、あくまで将来的に目指すべき、教育政策的なヴィジョンに過ぎないからだ。そのため Education2030 プロジェクトの知見は、目指すべきヴィジョンに照らし合わせて、教育政策の現状を振り返るためのツールとはなりえても、現場で日々学習者を支える教員や支援者が、具体的にいかなる教育や学習をデザインし、学習者に何を提供すべきかを示すものにはなりえない[3]。そこで、Education2030 プロジェクトで提示された知見を学びの未来像として採用しつつも、具体的に教育や学習のあり方を検討するためには、それとは異なる理論的視点が必要となる。またこのような複合

的な視点から、集団的な学びを考えることには大きな意味があるだろう。

　本章ではそのような異なる理論的視点として、「つながりの学習（Connected Learning）」を紹介する。「つながりの学習」は領域横断的な研究者らによって、米国の若者たちの実態調査から導き出されたモデルに基づきつつ、欧米圏での実践的なデザインベース研究の積み重ねから開発・修正・提案されてきた教育・学習アプローチである[4]。そこでは、「若者の学習経験を理解しデザインするためのモデル」が示された。情報へのアクセスや社会的なつながりが豊富である一方、予測することが困難な時代や社会において教育・学習とはいかにあるべきなのか。「つながりの学習」には、そのような時代・社会における、あるべき学びの姿が提示されている。

　「つながりの学習」論では、興味を中心とした、社会的関係や文化的コンテクストに埋め込まれた学習を重視する。学習者を人・モノのネットワークに位置づけ、「場（setting）」を越えてサポートする点が、この教育・学習アプローチの特徴である（図2）。

　実際に「つながりの学習」を推し進め、サポートする際のデザイン原則には、モノを含めたリソースへのアクセスの重要性が示されている（伊藤ほか 2021: 67）。ここで図2にある「コミュニティ」に着目してみよう。「つながりの学習」論をふまえてデザインされ、実践や理論が検証されてきたシカゴ公共図書館にある「YOUmedia」[5]では、ノートパソコン、ゲーム、メディア編集に使用するプログラム、音楽機材やレコーディングスタジオ、高価なビデオカメラや3Dプリンタ等を気軽に使用することができる。

　「YOUmedia」という「場」には、人によっては普段見たこともないようなモノがあり、そして、サポーティブなメンターもいる。このような「場」にふらっと立ち寄り、普段見たこともないモノ（例えば3Dプリンタ）を見たとき、「これでこんなことができるんだ！」とエージェンシーが生成／変化する。人とモノ双方にアクセスする環境があることで、あるときは、動画制作者になり、あるときはゲームクリエイターになり、あるときはラッパーになる。つまり、いろいろな自分を試すことができる。

　このような事例からは、学習者のエージェンシーを固定的で不変な内的属

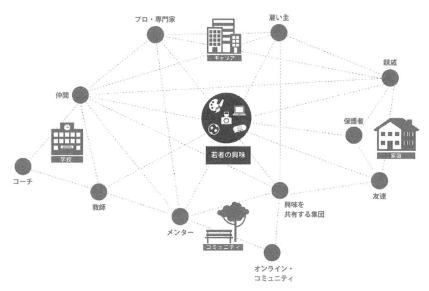

図2 「つながりの学習」は、「場」を越えたつながりを通じて興味をサポートする（伊藤ほか 2021: 46）

性としてみなすのではなく、人とモノとの関係性の中で常に生成／変化し揺れ動くものとして、すなわち、「ハイブリッドな集合体」（本書第8章参照）として学習者のエージェンシーを捉える立場の一端を見て取ることができる[6]。

　本章で試みるのは、この「つながりの学習」の立場から、近年の「学習者を共同的な存在として捉える」学習論、特にEducation2030プロジェクトのコンセプトノートやラーニング・コンパスを捉え直すことで、今後、集団で学ぶことについて議論するための視点を提示することである。そこで本章ではまず「つながりの学習」の原理とデザイン原則について紹介したのち（2節）、「つながりの学習」の研究成果から議論の視点を提示する（3節）。そのうえで、集団的な言葉の学習について1つの方向性を示し具体化する（4節）。

2.「つながりの学習」の原理とデザイン原則

　「つながりの学習」は 2012 年にはじめて提案された概念である。そして 2013 年にまとまったレポートが提出された後、長年にわたる調査・検討をふまえて 2020 年に『「つながりの学習」ネットワーク』(Ito et al. 2020) が発行された。この 2020 年版では 2013 年版と比較して、そのデザイン原則やモデルの一部が更新されている（宮澤・石田 2021）。この 2020 年版のレポートでは、具体的な「学習者のストーリー（Learner Story）」が複数示されている。「つながりの学習」のコンセプトの大体をつかむために、それら学習者のストーリーのうちの 1 つ、「マリア」の学習者のストーリーを示すことから始めたい。紙幅の都合上、ストーリー全文を掲載することは難しいため、筆者が再構成したものを示すこととする。

　　マリアはフィリピン出身の 17 歳、大学 1 年生である。彼女は約 4 年前、偶然プロレスに興味を持った。1 度は地元のコミュニティに関わってみたものの、マリアの興味に対して協力的ではなかったため、自分に合うオンライン上のコミュニティを探した。その結果、オンライン・コミュニティ「レスリングボード」にたどりついた。「レスリングボード」は彼女の興味を支持し、サポーティブな人びとが集まるコミュニティを提供した。このオンライン・コミュニティはマリアに、コミュニティの一部である「ファンタジーレスリング」連盟のために文章を書いたり編集したりする機会を提供し、マリアはコミュニティの仲間からフィードバックをもらった。マリアはこのコミュニティに参加する楽しさを高校の国語教師に打ち明け、教師は彼女に学校新聞を書くことを勧めた。教師はクリエイティブ・ライティング（創作）の楽しさを、より専門的な文章（ジャーナリズム）を書くことに結びつける手助けをしたのである。マリアは学校新聞の活動を通して、自分が培ってきた文章力を、幅広く応用させることができると気づいた。彼女は大学に出願する際、直接的にクリエイティブ・ライティングの学位を目指すことなく、

医療技術者として学位をとることにした。大学では様々な書くことの経験を活かし、テクニカル・ライティングを応用する医療技術者プログラムに在籍し、第2専攻としてクリエイティブ・ライティングを究めている。 　　　　　　　　　　　　　　　　　　　　　　（伊藤ほか 2021: 8）

　「つながりの学習」ではこのように、人・モノの関係性の中で学ぶ姿が想定されている。それではこのマリアの例は「つながりの学習」論の枠組みからどのように説明できるのだろうか。「つながりの学習」論内に提示されている「『つながりの学習』を構成する3つの領域（図3）」を用いて、「マリア」のストーリーを捉えてみよう。「つながりの学習」は図3で示すように、「個人的な興味（interest）」、「サポーティブな関係性（relationship）」、「学修、市民活動、キャリアの機会（opportunity）へのアクセス」が統合された経験として示される。

　マリアのストーリーに即して、3つの領域の関係性をふまえて「つながり

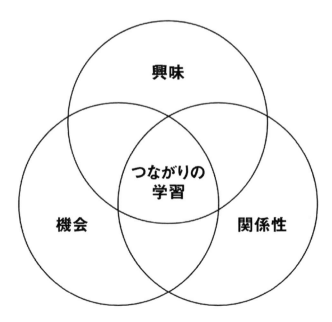

図3　「つながりの学習」を構成する3つの領域（伊藤ほか 2021: 6）

の学習」の経験を説明するならば次のようになるだろう。マリアはプロレスに個人的な「興味」を持ち、自身の興味を共有できるオンライン・コミュニティに飛び込んだ。オンライン・コミュニティにおいてサポーティブな「関係性」のなかで、文章を執筆・編集する機会を与えられるというサポートを受け、フィードバックをもらうというサポートも受けた。くわえてオンライン・コミュニティという「場」を越えて、学校においても、教師とのサポーティブな「関係性」のなかで、学校新聞を書く機会を与えられるというサポートを受けた。学校新聞を書く活動を通して得た気づき・知識・技能が、特に学修やキャリアといった「機会」へのアクセスにつながる。ここで見て取ることができるのは、学習者が興味に衝き動かされ、学校に限らない「場」においてさまざまな人・モノと関わりながら社会とつながっていく姿である。「つながりの学習」は、若者が、友達や世話役の大人たちのサポートをうけて、個人的な興味や情熱を追求することができ、その学習や興味をキャリア、または市民参加に結びつけることができるようになったときに実現するのだ（伊藤ほか 2021: 29）。

　「つながりの学習」は、社会的に埋め込まれ、興味に衝き動かされた、教育的・経済的・政治的機会の拡張を志向した学習（伊藤ほか 2021: 29）であり、教師・支援者は3つの領域を統合できるように教育・学習の場をデザインすることが推奨される。伊藤ほか（2021: 36）は、一連の研究や取り組みの中で、「つながりの学習」の学習環境おいて、4つの主要な要素——若者の興味へのスポンサーシップ、共通の実践、共通の目的、「場」を越えたつながり——が観察されてきたとする。レポートにはこれらの学習環境・要素をふまえて、「つながりの学習」をサポートするためのデザイン原則が示されている。さまざまなステークホルダー——例えば学校、地域、公共施設、NPO、オンラインといったさまざまな「場」で活動する教育者・支援者や政策立案者——は、これらを資源として、人・モノの関係性からなるネットワークを形成し編みなおすことで、多様な学習の場をデザインすることができるのだ[7]。

3. 共同エージェンシーを育むための学習の場のデザイン
――「つながりの学習」が示す視点

　Education2030 プロジェクトに示されたヴィジョンやそこに示された生徒エージェンシー・共同エージェンシーという概念をふまえつつ、「つながりの学習」の研究成果をみると、これからの集団の学びを考え、議論する際の具体的な視点が見えてくる。また「つながりの学習」が実施してきた具体的な学習の場のデザインは、どのように子ども・若者と関わっていくことができるかというアイデアを提供してくれる。

　このような視点やアイデアは、大きく4つの問いのかたちで整理することができよう。1つ目は、分散化したネットワークにおいて学びをどう支援するかという問い（3.1）である。「つながりの学習」は、多様な「場」を越境しつながることによって学習を実現することをもくろむが、この問いは、そのような「場」の多様性の確保と関係する。図3に示したモデルでいえば「関係性」と関連する問いである。2つ目は、リソースの少ない子ども・若者、すなわち、学習機会を得られにくい、マイノリティの子どもに対していかに焦点を当てることができるのかという問いであり（3.2）、これは図3のモデルの「機会」と関係する。3つ目は社会文化的なコンテクストの中で見出され育まれる興味をどう活かし、正統化していくかという問いであり、これは図3のモデル内の「興味」と関係している（3.3）。最後に「機会」を時間軸上で拡張することで見えてくる問いとして、子どもたちのキャリア形成に関する問いがある（3.4）。

3.1　分散化したネットワークにおける学びをどう支援するか

　第1は「分散化したネットワークにおける学びをどう支援するか」という視点である。ラーニング・コンパスにおいてもその概念図とともに、社会的な文脈の中で、親や仲間、教師やコミュニティなど、周囲との関係性の中で生徒エージェンシーや共同エージェンシーを学び、育み、発揮していく姿が描かれている。ここに描かれているのはあくまでも人のみであった。一

方、「つながりの学習」で示されているのは、人同士での関係性のみならず、人・モノのハイブリッドなネットワークからなる学びの姿である。

「つながりの学習」論は、ある1つの「場」だけで学習が成立するという立場には立たない。「つながりの学習」が前提としているのは、子ども・若者たちが学校に限らず、図書館・美術館・博物館等の公共施設からオンライン・コミュニティまで、さまざまな「場」やそこにいる「人」、そこにある「モノ」（もしくはそこで構成される「モノ」）にアクセスすることができるという学習環境である。

このような学習に対するアプローチは、ラーニング・コンパスで示されている共同エージェンシーのあり方を拡張するとともに、学習が立ち現れる「場」のイメージを拡張してくれる。どのような「場」でも――オンラインでもオフラインでも、フォーマルでもノンフォーマルでも、学習者や教師・支援者がそれを学習の場だと意味づければ――そこは学習の場として機能するのだ。

これらはあたりまえのことを言っているようだが、特に教師が実際に「学習を学習だと措定すること」は難しい。「つながりの学習」研究ネットワークの「クラス（The Class）」プロジェクト[8]において Livingston and Sefton-Green（2016）が示すのは、例えば、家での興味が学校ではサポートされなかったり、ピアベースのサイトやオンライン・サイトが学校教育とは無関係とされていたりするという、学習の断絶である。

「つながりの学習」は教師・支援者である私たちに、これらの学習の断絶が現前に存在することを心に留め、分散化したネットワークにおいて学びが生起しているのではあればそれを見てとること、そして――マリアの学習者のストーリーに登場した教師のように――教師・支援者はそれらの学びの場や、人・モノのネットワークを「仲立（brokering）」することに意味があるという、学びを支援する際の具体的なアイデアを提供してくれる。

3.2 リソースの少ない子ども、学習機会の少ない子ども、マイノリティの子どもに焦点をあてるということ

　Education2030 プロジェクトのコンセプトノートに示されているように、子どもが生徒エージェンシーや共同エージェンシーを発揮し、ウェルビーイングを目指して活動することは理想の姿ではある。ただここで考えたいのは、教育格差の問題である。集団的な学び、特に親や教師、友人、地域の住民とともに共同エージェンシーを発揮することを念頭においた時、それらの人びとにアクセスできるかどうかという社会関係資本の問題からは避けては通れない。すなわち、誰もが集団的な学びに十全にアクセスできるとは限らない（パットナム 2017）。くわえて、いくら子どもたちがオンライン・コミュニティに参与しやすくなったといっても、誰もがオンライン上の集団的な学びに十全にアクセスできるとは限らない（Jenkins, Ito, and boyd 2015）。

　このような問題に直面するとき、第2の視点として「リソースの少ない子ども、学習機会の少ない子ども、マイノリティの子どもに焦点をあてるということ」が立ち上がってくる。「つながりの学習」論では学習機会へのアクセスが困難なマイノリティに焦点をあて、社会的、経済的、文化的な「場」のアレンジメントによって、学習機会を保障しようと試みている。「つながりの学習」の研究で示された研究・教育リソースは、私たちに「リソースの少ない子ども、学習機会の少ない子ども、マイノリティの子ども」を支援するためのアイデアや具体策を提示している。

　「つながりの学習」においては、特に教師・支援者が「分散化したネットワーク」において「場」を越えたつながりをアレンジし、教育機会を「仲立」することが重視されている[9]。「リソースの少ない子ども、学習機会の少ない子ども、マイノリティの子ども」を念頭に置きながら、いかに集団的な学びをデザインすることができるか、すなわち、「いかに社会関係資本の構築を支援できるか」、「いかに教師・支援者が共同エージェンシーを発揮できるか」を考えることが重要になるだろう。

3.3 社会文化的なコンテクストの中で見出され育まれる興味をどう活かし、正統化していくか

「リソースの少ない子ども、学習機会の少ない子ども、マイノリティの子ども」に焦点をあてるということを念頭においたときに着目したいのは、彼ら・彼女らの興味である。

学習や発達がいかに社会的関係や文化的コンテクストの中に埋め込まれているかに力点をおく「つながりの学習」論の立場は、学習に向かう主たる動機を、子どもの内面に位置づける構成主義の立場とは異なるものである（伊藤ほか 2016: 44）。「つながりの学習」において、趣味、スポーツ、学業、アートといった個人的な興味は生得的ではなく、むしろある特定の社会文化的なコンテクストによって見出され育まれるものである（伊藤ほか 2016: 65）。

子どもが何かをきっかけにあることに興味を持ち、自発的に調べたり実践したり、同じ興味をもつコミュニティに参加したりすること。そのような興味に衝き動かされた学習は、すべての子どもにとって重要な資源であるとともに、「リソースが少ない、学習機会の少ない、マイノリティの子ども」にとっては非常に重要な資源となり得る。

OECD（2023）で示された一連のコンセプトノートでは、この興味という概念は前景化されていないが、コンパスを持ち、はじめの1歩を踏み出す際に、「社会文化的なコンテクストの中で見出され育まれる興味をどう活かし、正統化していくか」という、第3の視点は重要なものとなる。

特に学校という「場」において、いかに社会文化的なコンテクストから学習者の興味を見出すか、いかにその興味を学びにつながるようなものとして正統化して捉えるかを考えるとき、国語教育・国語科教育学の「言語生活」という概念や「単元学習」に関する実践・研究の蓄積は参考になる。大村（1983）は、単元学習の理念的な姿勢を示す「実の場」という語について、「自分でほんとうに追求したくなるという場面をつくること（中略）主体的な学習――虚の場でなくて実の場の学習とは、つまりほんとうに自分の生活目的のために立ち上がっていけるような姿勢にもっていくということだと思い

ます」(大村 1983: 97–98)と述べる。学校における学習の場として「実の場」を設定していくことは簡単なことではないが、子ども・若者の一般的な発達段階をふまえつつも、彼ら・彼女ら一人ひとりの興味・関心、意識の志向性、学力の実態など、きめ細かく理解し捉えていくことが重要なことである(桑原 2011: 75)。

3.4 子どもがどのようなキャリアを進み、それをどのように支援するか

より VUCA となる時代を念頭において作成されたラーニング・コンパスという学習の枠組みは、その性質上、信頼できる「コンパス」を提示するに留まっている。「つながりの学習」からコンセプトノートを捉えれば、その「コンパス」を用いてどのようなキャリアを歩んでいくことができるか、すなわち第4の視点である「子どもがどのようなキャリアを進み、それをどのように支援するか」を見出すことができる。

このとき、「つながりの学習」のキャリアに対するアイデアは有用なものになるだろう。例えば、伊藤ほか(2021: 48)では、「学校的な成功」という単線的な閉じたキャリアに留まることなく、学習者の興味を中心として、ネットワークを構築しながらキャリアを模索する「ブレイディ」の事例が提示されている。このような姿は、「仲間内であっても生徒それぞれでウェルビーイングへと向かう学びの道筋やスピードが異なる」(OECD 2020: 8)と、コンセプトノートが示す学びの姿とも重なる。これからの時代において、単線的で学校的な成功のみがキャリアの成功やウェルビーイングを保障しない、という点は多くの人びとと共有できる事実であろう。「つながりの学習」が提示するのは、教師・支援者が学校的な成功に限らないキャリアとの関わりをデザインすることができる、というアイデアである。

ここまで「集団で学ぶこと」を議論する際の視点や、どのように子ども・若者と関わっていくことができるかというアイデアを示してきた。これを参照した教育に熱心な読者は、「これらの視点をふまえて子どもと関わっていくぞ」と意気込んでいるかもしれないし、「さまざまな『場』で生起する学

びをすべて捉えること、そのような『場』を仲立すること、子どものキャリアまで念頭に置くことは理想的であるが現実的ではない」と考えているかもしれない。本節の最後であらためて示したいのは、「つながりの学習」は、何も1人で、1つの「場」で完結するものではないということである（図2）。まずは「私」がいる「場」から人・モノのネットワークをつなげていくこと、「仲立」をして支援をするという行為・スタンスには重要な教育的意味がある。

4. 「つながりの学習」の視点をふまえた「集団的な言葉の学習」の姿

4.1 ある実践における「集団的な言葉の学習」の姿

最後に、これらの視点、アイデアをふまえながら「集団的な言葉の学習」について1つの方向性、その姿を示し具体化する。着目するのは、現在、学校内外で実践例が蓄積されつつある「ヒップホップ」「ラップ（日本語ラップ）」の学習の場である[10]。ここでいま一度確認したいのは、第8章で詳述されているように、言葉それ自体がハイブリッドな存在であり、言葉を学ぶことは、学習者だけでなく、そのまわりの人・モノのネットワークによって成立しているということである。これから取り上げる「日本語ラップ」も、日本語のみならず他の言語とのハイブリッドな存在である。そして「日本語ラップ」の技法や文化もネットワークによって成立している、成立してきたのである。

それでは、リソースの少ない子ども、学習機会の少ない子ども、特に「マイノリティの子ども」の「社会文化的なコンテクストの中で見出され育まれる興味」を教室での「集団的な言葉の学習」としてどう具体化できるか、そしてその学習を「分散化したネットワーク」につなげるとともに、「子どもがどのようなキャリアを進み、それをどのように支援するか」を実践例や事例から示していこう。

まず、ある中学校のクラスを想定したい。このクラスにはラップに興味を

持つ複数人の外国につながる子どもが在籍しており、その子どもたちは友人コミュニティにおいて輪になって即興でラップをするサイファーを、遊び感覚で日常的に行っている。ラップと聞くと、ある人びとは〈ヤンチャな子〉のものであると忌避感を示すかもしれないが、子どもたちの間では一般的な文化として浸透している[11]。

教師としてこのような社会文化的なコンテクストから、場合によっては「学校が学習としてみなしていなかった」学習者の興味を「正統化」し、国語科の授業を行ったらどうなるのだろう。磯田（2021）ではラッパーの晋平太とともに計画・実施された複数の実践が紹介されている。その中でも、単元「ラップで自己紹介──わたしを伝える・友達を知る」を取り上げて考えてみたい。

この単元のねらいは「①ヒップホップを構成する要素の1つであるラップには、アフリカ系の人たちの生活や日々の苦悩などさまざまな思いや願いが表現されていることについて理解する。②ラップを使って名前、出身地、趣味・特技、そして夢について語り、表現する。友だちの表現を認め、よりよい人間関係を築くことができる。③わたし自身、そして友だちの夢やより良い未来が実現できる社会の理想を描くことができる。」の3つである（磯田 2021: 68）。この単元で主となる活動は、自己紹介のラップを作り、ラップで自己紹介をし、自身の発表や友人のラップに対して感想をもち、社会の理想を描くというものである。このときの自己紹介のラップは、手拍子を用いて「1. 俺／私／僕の名前は〇〇〇〇、2. レペゼンは、〇〇〇〇、3. 趣味は〇〇、特技は〇〇、4. 夢は、〇〇〇〇〇」の形式で実践される。

この実践においてまず着目したいのは「レペゼン」[12]という言葉に関する集団的な言葉の学習である。状況論的学習の観点に立つとき、ソーヤー（2010）は「ウェンガーの人工物の文化的透明性、不透明性という観点は、そのまま言葉の学習に用いることができる。ウェンガーによれば、人工物の文化的透明性は、実践のアクセスが可能になってこそ保証される。」（ソーヤー 2010: 84）と述べる。授業の中でラップという実践（practice）に関わるとき、「レペゼン」という言葉は「自分のコミュニティとか、自分の置かれ

ている環境とか、自分自身に関わる文化、（中略）なにかその文化をレペゼンしてメッセージを発信する」（磯田 2021: 13）というコンテクストの中で、「〜の代表をする」（represent）という言葉として学習されるとともに、文化的透明性が保証される。重要なのは、実践の中で、コンテクストはあらゆる人びとにとって等しくひらかれているものではなく、アクセスの制限も含めてさまざまな形で「デザイン」されているということである（ソーヤー 2010: 84）。そもそも教師が学習者の興味を正統化し、コンテクストをデザインしなければ、大多数の子どもたちは言葉の背景にあるコンテクストまで学ぶことはない。そしてラップを創作する過程で子どもたち、特に外国につながる子どもたちは、「レペゼン」という言葉を基軸に自身を語る言葉のネットワークを形成し、編み直すことになるだろう。

　そして次に着目したいのが、このラップを活用した実践が、自身を語る言葉を探り、自分自身を語り、他者とともに、自身やよりよい未来を実現すとのできる社会の理想を描くという、集団的な言葉の学習であるという点である。「わたし」を表現するための言葉は無数に存在するが、それを自身で、集団で探り、他者に向かって——あるいは自己に向かって——語る。そこで用いられる・用いられた言葉はこれから自身を語るための言葉になり、他者を理解するための言葉になる。ソーヤー（2010）が示すように、言語の学習とは、実践を作り上げたり、そこに参加したり、アクセスすることと切り離す事はできない。そして、ある実践のコミュニティに参加することは、その中であるポジションを得たり、アイデンティティを形成したりすることとも切り離せない（ソーヤー 2010: 85）。子どもたちは安心して自身を語ることができるようデザインされた教室において、ラップという実践を通して、集団的に言葉を学び、編み直されたネットワークの中でアイデンティティを確立していく。そして最終的に、それぞれが用いた言葉を使用しながら「集団で」社会の理想を描いていく。これは「つながりの学習」における「市民活動」や「市民参加」、コンセプトノートにおける生徒エージェンシーとも深く関わる行為である。

4.2　実践をこえた「場」における「集団的な言葉の学習」の姿

　それでは、このような実践を行ったのち、どのような「集団的な言葉の学習」が生起する可能性があり、それを「つながりの学習」の視点から支援することができるだろうか。

　ラップに興味を持った生徒たちは、学校の中でサイファーというコミュニティを結成するかもしれない[13]。学校としてそのような言葉の学びを見守ったり、クラブ活動や部活動のように正統化したりすることもできる。くわえて磯田（2021）が示すように、子どもたちの実践を発表する機会や社会正義を考える「場」を地域でデザインすることもできるし（磯田 2021: 119-120）、マリアの例で出てきたようなサポーティブな人びとが集まるサイファーに「仲立」するということもできるだろう[14]。

　このような集団的・持続的な「場」のアレンジメントのほかにも、ラップに対する興味を、他の集団的な言葉の学習につなげることもできる。ポエトリー・リーディングや詩のボクシングといった他の表現形態から、詩・短歌・俳句の雑誌やオンライン・コミュニティへの投稿まで、「他者に向けて、自身に向けて、相互的に語る」という行為は枚挙にいとまがない。

　くわえてラップという行為が評価されるコンテスト、ライブ、バトルという「場」を仲立ちし、そこでの評価を学校的な評価として正統化することもできる[15]。ここでの言葉の学習は「いかに効果的に言葉を使い、自身を社会に向かって発信していくか」という発展的なものになる。

　ヒップホップ・ラップに興味を持ち、このような言葉の学びをしてきた子どもたちのキャリアをどのように支援することができるか。教員は、学修的なキャリアを念頭におけば、これまで積み重ねてきた実践や実績をふまえてラップそれ自体を学ぶことのできる専修学校や、「言葉」を学ぶことができる大学の可能性を示すことができるかもしれない。サイファーのサポーティブな支援者は、ラッパーというキャリアを示し、キャリアにつなぐこともできるかもしれない[16]。ただラッパーのアフロが言うように、「音楽で成功する奴はほんの一握りだ」（滝原 2016: 31）ということも頭に入れておかなければならない。しかし「庶民の立場から社会正義を叫ぶひとつの手段」（磯田

2021: 129)であるラップを通した「集団的な言葉の学習」は、「つながりの学習」の視点から見れば、「市民活動」や「市民参加」という「機会」に関わる重要な行為である。

5. おわりに

　本章ではここまで、近年の「学習者を共同的な存在」として捉える学習論を、「つながりの学習」の立場から捉え直し、今後集団で学ぶことについて議論するための視点を4つ提示してきた、くわえて、「つながりの学習」が実施してきた学習の場のデザインから、子ども・若者とどのように関わることができるかというアイデアも示してきた。

　ここで特に強調したいのは、エージェンシーが人・モノのネットワークに支えられているという立場に立つとき、学習者のみならず、我々のようなステークホルダーのエージェンシーもハイブリッドな集合体として捉えられる、ということである。だからこそ、子ども・若者と共同エージェンシーを発揮しながら人・モノのネットワークを編集する、すなわち学習の場をデザインすることが可能となる[17]。

　そのうえで本章では、4つの視点をふまえながら、集団的な言葉の学習について1つの方向性を示し、具体化してきた。本章冒頭、リルケの「少女」からの抜粋は、子ども・若者と生活、そして言葉の関係を詩的な広がりをもって描出している。子ども・若者の社会文化的なコンテクストは、詩人――本稿では「言葉に対する優れた感受性を持ち、それを表現する人」を「詩人」と呼ぶこととしよう――に通じ、世界に通ずる。

　学習者のエージェンシーをハイブリッドな集合体として捉え、彼ら・彼女らの集団的な言葉の学習を「つながりの学習」の視点からデザインしたとき、そこで学ばれた彼ら・彼女らの集団的な言葉は、ネットワーク化された世界へ通ずる路を切り開くものとなる。それは、言葉を含めた人・モノからなるネットワーク化された世界を編集可能にする強力な手段となるのだ。

注

1　本稿では「Student agency」を「生徒エージェンシー」と表記しているが、対象を中等教育の生徒に限定しない。生徒に限らず、児童、幼児、高等教育、生涯教育などのすべての学習者を対象としている。これは秋田ほかによる仮訳、「OECD ラーニング・コンパス（学びの羅針盤）2030」の「仮訳での検討事項」に依ったものである。

2　ただし、訳出は白井 (2020: 79) に依った。

3　この点について、Education2030 プロジェクトに深く関わった白井俊は、諏訪哲郎と森明子からのインタビューにおいて、「OECD からの提案は、あくまでも各国が自分たちの政策を見直すための『リフレクション・ツール』だという位置づけで出されています」（白井ほか 2021: 6）と述べている。

4　「つながりの学習」は、デザインベース研究の手法に基づき、実践と理論とを統合させながらその枠組みやモデルを発展させてきたアプローチである。本稿では、そのアプローチや学びの姿に焦点をあてる際に「つながりの学習」と表記する。アプローチの成果として提示された学習論や理論（モデルや枠組み）に焦点をあてる際は「つながりの学習」論と表記する。

5　YOUmedia の概要、歴史、成果については、YOUmedia に関する代表的な文献である Larson et al. (2013) を参照のこと。

6　厳密にいうと、伊藤ほか (2021) 等において「ハイブリッドな集合体」という術語は登場しない。ただし、学習を「社会文化的アプローチ、文化歴史的アプローチ、社会構成主義的アプローチ、あるいは状況論的アプローチと呼ばれる」（伊藤ほか 2021: 29）アプローチから捉える「つながりの学習」には、学習者のエージェンシーを「ハイブリッドな集合体」として捉える立場をたしかに見て取ることができる。

7　このような「つながりの学習」論は一朝一夕で成り立ったものではない。長い歴史と、広範なネットワークの中で成り立ったものである。現在「つながりの学習」の普及を推し進めている中心は、カリフォルニア大学アーバイン校の「つながりの学習」ラボが世話役をし、NPO 団体「コネクテッド・キャンプ」が運営する「つながりの学習アライアンス (Connected Learning Alliance)」である。「つながりの学習」に関する本格的な議論の端緒は、2006 年、マッカーサー財団の「デジタルメディア学習イニシアチブ」への支援であった。その後、研究者、教育者、実践者、イノベーターらのネットワークからさまざまなプロジェクトやラボ、アライアンスが立ち上げられ、それぞれで成果が報告され蓄積されてきた。それらプロジェクトの主な成果は「つながりの学習アライアンス」のホームページから確認することができる。

8　「クラス (The Class)」とは、ソニア・リビングストンとジュリアン・セフトン

＝グリーンが研究グループリーダーを務めるプロジェクトである。このプロジェクトでは、「つながりの学習」の理念と実践が日常生活にどう入り込んでいるかを明らかにするために、ロンドンの総合制中学校に通う13歳から14歳の子どもたちの教室をエスノグラフィックに調査した。プロジェクトの成果はLivingston and Sefton-Green (2016)にまとめられている。

9　国語教育・読書教育における「仲立人（broker）」としての教師・支援者の役割に関する議論については宮澤・石田（2021）を参照のこと。

10　「ヒップホップ」と「ラップ」という言葉の関係性については、磯田（2021）に詳しい。「ヒップホップを構成する要素のひとつであるラップは、喜び、悲しみ、怒り、愛、別れ、そして連帯などさまざまなことをことばで表現する。生活の中にある抱えきれない思いをことばで表し、より良い未来を皆で探求していこうというのがヒップホップである」（磯田 2021: 3）。これをふまえれば、ヒップホップは文化であり、ラップはその表現手段であるということもできる。

11　子どもたちが身近にふれる音楽には多分にヒップホップ、ラップの要素が含まれており、いわゆる「MCバトル」や、音楽原作キャラクター・ラップ・プロジェクト「ヒプノシスマイク」も、子どもたちが日本語ラップに親しむきっかけになっている。

12　「レペゼン」とは、「〜の代表をする」の意味である。ここでは出身地や現在暮らしている地名を言うことが想定されている。

13　実際に磯田（2021: 5）では、実践のあとで自発的にラップを行う子どもの姿が報告されている。

14　このときのサイファーはもちろんオンラインにも存在する。

15　例えば、「BAZOOKA!!! 高校生RAP選手権」（主催：ABEMA）、「激闘！ラップ甲子園」（主催：TOKYO MX）、「NIKKEI RAP LIVE VOICE」（主催：日本経済新聞社／テレビ東京）がある。

16　かつて、教員を目指しながらもラップ活動に励んでいた筆者のゼミ生が、名古屋を中心に活動する著名なラッパーから、「教員を続けながらラップも続けてみなよ」と「ラッパー」というキャリアの選択肢を示されたことを嬉々として語ってくれたことがある。このような例も「つながりの学習」の「サポーティブな関係性」として捉えることができる。

17　もちろんその過程で、子ども・若者のみならず、我々も集団で学ぶことができる。

参考文献

磯田三津子（2021）『ヒップホップ・ラップの授業づくり―「わたし」と「社会」を表

現し伝えるために』明石書店

伊藤瑞子ほか　岡部大介ほか訳（2016）『つながりの学習—リサーチとデザインのためのアジェンダ』デジタルメディアと学習拠点（Ito, Mizuko, Kris, Gutiérrez, Sonia, Livingstone, Bill, Penuel, Jean, Rhodes, Katie, Salen, Juliet, Schor, Julian, Sefton-Green, S. Craig, Watkins. (2013) *Connected Learning: An Agenda for Research and Design*. Irvine: Digital Media and Learning Research Hub.）

伊藤瑞子ほか　石田喜美ほか訳（2021）『「つながりの学習」研究ネットワーク—参加型の学際領域における、この 10 年を振り返って』「つながりの学習」アライアンス（Ito, Mizuko, Richard, Arum, Dalton, Conley, Kris, Gutiérrez, Ben, Kirshner, Sonia, Livingstone, Vera, Michalchik, William, Penuel, Kylie, Peppler, Nichole, Pinkard, Jean, Rhodes, Salen, Tekinbaş K., Juliet, Schor, Julian, Sefton-Green, and S. Craig Watkins. (2020) *The Connected Learning Research Network: Reflections on a Decade of Engaged Scholarship*. Irvine: Connected Learning Alliance.）

Jenkins, Henry, Ito, Mizuko, and danah, boyd. (2015) *Participatory Culture in a Networked Era: A Conversation on Youth, Learning, Commerce, and Politics*. Malden: Polity Press.

木下慎（2023）「主体とエージェンシー」教育哲学会編『教育哲学事典』pp.20–21. 丸善出版

桑原隆（2011）「言語生活者」日本国語教育学会編『国語教育総合事典』pp.67–76. 朝倉書店

Larson, Kiley, Ito, Mizuko, Brown, Eric, Hawkins, Mike, Pinkard, Nichole, and Sebring, Penny. (2013) *Safe Space and Shared Interests: YOUmedia Chicago as a Laboratory for Connected Learning*. Irvine: Digital Media and Learning Research Hub.

Livingstone, Sonia and Julian Sefton-Green. (2016) *The Class: Living and Learning in the Digital Age*. New York: New York University Press.

宮澤優弥・石田喜美（2021）「国語教育・読書教育における「仲立人」としての教師・支援者の役割—「つながりの学習（Connected Learning）」論を中心に」『人文科教育研究』(48): 107–119. 人文科教育学会

大村はま（1983）『大村はま国語教室　第 11 巻』筑摩書房

パットナム，ロバート D.　柴内康文訳（2017）『われらの子ども—米国における機会格差の拡大』(Putnum, Robert D. (2015) *Our Kids: The American Dream in Crisis*. New York: Simon and Schuster.）

リルケ，ライナー M.　茅野蕭々訳（1927）『リルケ詩抄』第一書房

ソーヤーりえこ（2010）「社会実践としての学習—状況論的学習概観」上野直樹・ソー

ヤーりえこ編『文化と状況的学習──実践、言語、人工物へのアクセスのデザイン』第 2 版．pp.41–89．凡人社
白井俊（2020）『OECD Education2030 プロジェクトが描く教育の未来──エージェンシー、資質・能力とカリキュラム』ミネルヴァ書房
白井俊・諏訪哲郎・森朋子（2021）「OECD ラーニング・コンパス 2030 について──文部科学省　白井教育制度改革室長に聞く」『環境教育』31（3）3–9．日本環境教育学会
滝原勇斗（2016）『俺のがヤバイ』飛鳥新社
柄本健太郎（2021）「資質・能力の育成に関するキーワード」西村徳行・柄本健太郎編『2023 年の学校教育──新しい資質・能力を育成する授業モデル』pp.13–54．明治図書
上野直樹・土橋臣吾（2006）「ハイブリッドな集合体（異種混淆の集合体）」上野直樹・土橋臣吾編『科学技術実践のフィールドワーク──ハイブリッドのデザイン』p.235．せりか書房

WEB ページ

文部科学省「教育振興基本計画」『文部科学省』〈https://www.mext.go.jp/a_menu/keikaku/index.htm〉2024.02.21
OECD　秋田喜代美ほか訳（2020）「OECD ラーニング・コンパス（学びの羅針盤）2030」『OECD』〈https://www.oecd.org/content/dam/oecd/en/about/projects/edu/education-2040/concept-notes/OECD_LEARNING_COMPASS_2030_Concept_note_Japanese.pdf〉2024.8.27
OECD（2023）「OECD Learning Compass: A Series of Concept Notes」『OECD』〈https://issuu.com/oecd.publishing/docs/e2030-learning_compass_2030-concept_notes?fr=xKAE9_zU1NQ〉2023.11.17

索　引

あ
IRE 連鎖　29–32, 85–86
アイデンティティ　14, 114–118, 140, 204
アクターネットワーク理論　176–180
「当たり前」　1–2, 12–13, 74, 142

い
一次的ことば　98–99
一斉教授法　25–26
インフォーマルな発話　48–50
インプロヴィゼーション　41, 43

う
ヴィゴツキー，レフ　S.　25, 89–91, 180–182, 186
打ち言葉　185–186

え
エージェンシー　15, 150–151, 179, 206
　学習者の――　192–193, 206
　共同――（Co-agency）　15, 150–151, 165–167, 190, 198, 206
　生徒――（Student agency）　150, 167, 190
エスノメソドロジー　70–71
Education2030 プロジェクト　189–191

お
「おかしな発想法」　42
おしゃべり　47
お誕生会　34–35

か
解釈共同体　130–131, 137–140
学習環境　5, 143, 196–198
学習指導案　23–24
学習指導要領　95, 132, 151–152, 176, 189
架け橋期　101
語り／物語（ライフストーリー）　7–9
学校図書館　151–153, 168–170
カロン，ミシェル　176–179
感覚　73–74, 95

関係論　175–176

き

GIGAスクール構想　152
軌跡（trajectory）　6–7, 9
　「生の──（life-trajectory）」　6, 9
教場指令法　26
教則　26
共同注意（joint attention）　89–91, 99
　観念上の──　99
協働　39–41, 114, 132–133
「協働的な学び」　3–6, 11

く

クィア　110–111, 116, 119
　──・スタディーズ　110–111
　──な読み　13–14, 116

け

形式論理　70–71

こ

合理的（rational）　77–78
個人史（ライフヒストリー）　7–9
個性　6, 9–10
「個別最適な学び」　3–6, 11, 15
コミュニティ　73, 75–77, 133, 150–151, 192, 194–196, 204–205
コンテクスト　69–71, 74–75, 79–80, 200, 204

さ

参加型文化（participatory culture）　132
三項関係　90–92

し

ジェンダー　111–114, 140
自己中心的言語　181
自主ゼミ　75–76
実証主義　70–71
実践　7–9, 12–14, 25, 63, 77–78, 121, 125, 140, 202–205
実践コミュニティ　62, 125–128
「実の場」　200–201
社会的課題　62–64
社会文化的アプローチ　89–90, 180–181
就学前教育施設　93
集合体（collectives）　14, 176–180
集合的知性（collective intelligence）　135
集合的な学習　126
集団で読むこと　12–13, 92
授業談話　49
主体性　6, 176–178, 180
　集合的な──　16
状況の定義　39
状況論　70, 203
冗談　55–58, 61–63
情報　152–153
庶物指教　26
心理学　6, 67, 69, 180, 185–186

せ

「生徒の居方」　153–155, 160, 165–166
セクシュアリティ　115–117

そ

相互行為　50, 121

た

対話（dialogue）　14, 64
探究学習　151–152
　──の過程　152–153

つ

通信制高校　51–52
「つながりの学習（Connected Learning）」　192–202

て

定時制高校　5

と

等級制　26
図書館教育　151–152

な

内職　35–37

仲立（brokering）　198–199

に

二次的ことば　98–99

ね

ネットワーク　14–16, 178–180, 197–198, 201–202, 204, 206

は

ハイブリッド　64, 178, 184–187
　──な集合体　15–16, 176–178, 193, 206
発達の最近接領域（zone of proximal development）　181–182

ひ

ピジン言語　184
批判的思考態度　75–76
評価　55–56

ふ

ファシリテーション　27–28
ファンダム　127
風景　5
フォーマルな発話　48–50
フレイレ，パウロ　183, 186
文化サークル　16, 183

213

へ

ヘテロノーマティヴィティ　111

ほ

ホモフォビア　119–120
ホモフォビック　117–119
ホルツマン, ロイス　181–182, 186

め

明和電機　42

ゆ

『ユリシーズ』　30

よ

幼稚園　13, 85, 95
幼稚園教育要領　95
呼びかけ遊び　34–35, 41

ら

ラーニング・コンパス　150, 189–190
ラトゥール, ブリュノ　178–179

り

リソース　50–51, 61–62, 64, 70–71, 199–200
リテラシー　79–80, 126, 142–143, 169–170
　社会的・文化的創造としての――（Literacy as Social and Cultural Construct）　79
　「動的な」――　80, 169–170
　プレ――　89
　――研究　79–80
両義的な発話　48–49

れ

歴史・社会・文化　73, 79–80, 169

ろ

「論理的」　69, 71–75
　――思考　71
　――表現　71
論理課題　69–70
論理療法　77–78

わ

ワークショップ　28–29, 40–43
『若い芸術家の肖像』　23, 39

編者・執筆者紹介

(五十音順　＊は編者)

青山征彦（あおやま　まさひこ）

1970年生まれ。新潟県で生まれ千葉県で育つ。1998年筑波大学大学院博士課程心理学研究科単位取得退学。筑波大学文部技官、駿河台大学現代文化学部、心理学部の准教授を経て、2016年より成城大学社会イノベーション学部教授。
[主著]『越境する対話と学び―異質な人・組織・コミュニティをつなぐ』(香川秀太と共編、新曜社、2015)

新居池津子（あらい　ちづこ）

1975年生まれ。東京都出身。2020年東京大学大学院博士課程教育学研究科修了。博士（教育学）。清泉女子大学文学部専任講師（司書・教職課程）。
[主著・主論文]『中学校学校図書館における生徒の居方に関する検討』(風間書房、2021)、「電子メディアと印刷メディアでは生徒の読書行為はどのように異なるのか―中学校の授業における指さしと注視に着目して」(『読書科学』、第64巻第3・4号、2023)

石田喜美＊（いしだ　きみ）

1980年生まれ。東京都で生まれ千葉県で育つ。2009年筑波大学大学院博士課程人間総合科学研究科修了。博士（教育学）。公益財団法人東京都歴史文化財団東京文化発信プロジェクト室主事、常磐大学人間科学部専任講師を経て、横浜国立大学教育学部准教授。
[主著・主論文]『19歳までのメディア・リテラシー―国語科ではぐくむ読む・書く・創る』(アンドリュー・バーン著、奥泉香・森本洋介と共訳、ratik、2019)、「少女文化とリテラシー―「ハイブリッドな集合体」としての変体少女文字に着目して」(『読書科学』、第63巻第2号、2022)

伊藤崇（いとう　たかし）

1975年生まれ。茨城県出身。2003年筑波大学大学院博士課程心理学研究科単位取得退学。博士（心理学）。北海道大学大学院教育学研究院助教を経て、同准教授。
[主著]『学びのエクササイズ　子どもの発達とことば』（ひつじ書房、2018）、『越境する認知科学4　大人につきあう子どもたち―子育てへの文化歴史的アプローチ』（共立出版、2020）

岡部大介（おかべ　だいすけ）

1973年生まれ。山形県出身。2001年昭和女子大学大学院博士課程生活機構研究科単位取得退学。博士（学術）。横浜国立大学教育学研究科助手、慶應義塾大学SFC特別研究員、東京都市大学環境情報学部専任講師、同メディア情報学部准教授を経て、同教授。
[主著]『デザインド・リアリティ［増補版］　集合的達成の心理学』（有元典文と共著、北樹出版、2013）、『越境する認知科学8　ファンカルチャーのデザイン―彼女らはいかに学び、創り、「推す」のか』（共立出版、2021）

髙岡佑希（たかおか　ゆうき）

1991年生まれ。神奈川県出身。2017年横浜国立大学大学院教育学研究科修了。修士（教育学）。神奈川県立逗子葉山高等学校教諭。
[主論文]「授業中のおしゃべりを包摂する教師の対応と授業的コミュニケーションへの順応―通信制高校における国語科授業の観察・分析から」（『横浜国大国語研究』、第34巻、2016）

宮澤優弥（みやざわ　ゆうや）

1991年生まれ。静岡県浜松市出身。2019年筑波大学大学院人間総合科学研究科学校教育学専攻単位取得退学。修士（教育学）。筑波大学人間系特任助教、浜松学院大学現代コミュニケーション学部助教を経て、東洋大学文学部准教授。
[主論文]「読み聞かせ研究の基礎的検討と展望―『読書科学』掲載論文を対象として」（『読書科学』、第63巻第3・4号、2022）

吉沢夏音（よしざわ　かのん）

1994年生まれ。神奈川県出身。2019年横浜国立大学大学院教育学研究科修了。修士（教育学）。横浜市立戸塚高等学校定時制教諭。
[主論文]「クィアの視点から読む文学教材での教育実践―川上弘美『神様』における「語りの空白」を利用して」（清水理佐と共著、『教育デザイン研究』、第10巻、2019）

吉永安里（よしなが　あさと）

1976年生まれ。東京都出身。2022年白梅学園大学大学院子ども学研究科博士課程修了。博士（子ども学）。都内私立幼稚園、東京都公立小学校、東京学芸大学附属小金井小学校に勤務ののち、國學院大學人間開発学部子ども支援学科助教、准教授を経て、同教授。
[主著]『幼児教育と小学校教育における言葉の指導の接続―読むことの指導の差異と連続性から』（風間書房、2023）

集団で言葉を学ぶ／集団の言葉を学ぶ
Learning Our Language, Our Language Learning: Literacies in Communities
Edited by ISHIDA Kimi

発行	2025年1月28日　初版1刷
定価	2800円＋税
編者	Ⓒ 石田喜美
発行者	松本功
装丁者	村上真里奈
印刷・製本所	亜細亜印刷株式会社
発行所	株式会社 ひつじ書房
	〒112-0011 東京都文京区千石2-1-2 大和ビル2階
	Tel.03-5319-4916　Fax.03-5319-4917
	郵便振替 00120-8-142852
	toiawase@hituzi.co.jp　https://www.hituzi.co.jp/

ISBN978-4-8234-1250-9

造本には充分注意しておりますが、落丁・乱丁などがございましたら、小社かお買上げ書店にておとりかえいたします。ご意見、ご感想など、小社までお寄せ下されば幸いです。

［刊行書籍のご案内］

新しい言語心理学

茂呂雄二・伊藤崇・新原将義編　　定価 2,400 円＋税

ことばの実践には、社会や文化を作り出す力がある。実践としてのことばという見方に立ち、言語心理学の新たな方向性を示す。心とことばの関係、社会とことばの関係、ことばの発達プロセス、ことばの障害に関する従来の知識をおさえつつ、この新しい見方をみんなで考えていくための教科書。公認心理師試験「言語心理学」領域にも対応。
執筆者：青山征彦、伊藤崇、太田礼穂、城間祥子、新原将義、広瀬拓海、仲嶺真、茂呂雄二

学びのエクササイズ 子どもの発達とことば

伊藤崇著　　定価 1,600 円＋税

家庭内の家族との会話。幼稚園でのお手紙ごっこ。小学校での授業。友達との LINE によるやりとり。外国移住後の第二言語習得。消滅の危機に瀕した言語をあえて学ぶということ。本書は、0 歳から 18 歳までの子どもが出会う可能性のある多様な社会的場面で起こるコミュニケーションの検討を通じて、言語発達過程にひとつの筋道を読み解く。言語とは、社会に参加するための道具であると同時に、私たち自身の社会を作るための道具でもある。